CB032958

Exercício físico e qualidade de vida

INSTITUTO PHORTE EDUCAÇÃO
PHORTE EDITORA

Diretor-Presidente
Fabio Mazzonetto

Diretora Executiva
Vânia M. V. Mazzonetto

Editor Executivo
Tulio Loyelo

Exercício físico e qualidade de vida

avaliação, prescrição e planejamento

Simone Sagres Arena

São Paulo, 2009

Exercício físico e qualidade de vida: avaliação, prescrição e planejamento
Copyright © 2009 by Phorte Editora

Rua Treze de Maio, 596
CEP: 01327-000
Bela Vista – São Paulo – SP
Tel/fax: (11) 3141-1033
Site: www.phorte.com
E-mail: phorte@phorte.com

Nenhuma parte deste livro pode ser reproduzida ou transmitida de qualquer forma ou por quaisquer meios eletrônico, mecânico, fotocopiado, gravado ou outro, sem autorização prévia por escrito da Phorte Editora Ltda.

CIP-BRASIL. CATALOGAÇÃO-NA-FONTE
SINDICATO NACIONAL DOS EDITORES DE LIVROS, RJ

A726e

Arena, Simone Sagres
    Exercício físico e qualidade de vida : avaliação, prescrição e planejamento / Simone Sagres Arena. - São Paulo : Phorte, 2009.
    240p. : il.

    Inclui bibliografia
    ISBN 978-85-7655-230-7

    1. Exercícios físicos. 2. Qualidade de vida. I. Título.

09-2580.	CDD: 613.71
	CDU: 613.71

29.05.09 613.71   012967

Impresso no Brasil
Printed in Brazil

Ao meu pai, Moacir Arena, meu ídolo
e modelo de vida, pelos inúmeros
momentos de alegria, apoio e afeto.
À minha mãe, Aparecida Arena, pelos cuidados
a mim concedidos com atenção e amor.

Agradecimentos

À minha família, pela compreensão dos momentos da minha ausência.

Aos amigos, pela paciência de ouvir e apoiar minhas aflições e reflexões profissionais.

Aos colegas professores da FMU, pela convivência saudável e alegre durante o ano acadêmico.

Aos meus orientadores, Profa. Dra. Maria Tereza Silveira Böhme e Prof. Dr. João Gilberto Carazzato, pelos ensinamentos e pela paciência durante a pós-graduação.

Aos professores do Clube Esperia, em especial à Profa. Carol, ao Prof. Robson, ao Prof. Carlos e ao Prof. Aldo, pela colaboração nas fotos apresentadas no livro

Ao amigo e mentor profissional Prof. Dr. Carlos Guerreiro, pelos ensinamentos e discussões saudáveis da nossa profissão.

Ao diretor do curso de Educação da FMU, Prof. Flavio Delmanto, pelo apoio profissional, pelo suporte acadêmico e pelo incentivo empresarial.

Ao Prof. Fabio Mazzonetto e Equipe Phorte Editora, em especial à Talita, pelas orientações e pelo apoio nas tarefas processuais durante a confecção do livro.

Ao meu sócio empreendedor, Prof. Leandro Sagres, pelo apoio e suporte nas batalhas profissionais.

Ao meu companheiro, Luis Fernando, por acreditar e incentivar o meu lado empreendedor.

Apresentação

O livro *Exercício e qualidade de vida* é fruto de uma experiência profissional na Educação Física inicialmente desenvolvida na área de treinamento esportivo e posteriormente direcionada para a área de atividade física e saúde. Com a unificação da experiência técnica, aliada aos anos de carreira acadêmica, esta obra reflete a relação direta entre a evolução da teoria do treinamento e as adequações das situações práticas do cotidiano da atividade física direcionada à promoção da qualidade de vida.

A proposta do livro é apresentar, de forma simples e completa, os procedimentos didáticos pedagógicos da atual estrutura de atividade física específica para o desenvolvimento da saúde, sempre precedidos da fundamentação teórica que norteia e justifica a seleção dos temas. Para a organização deste trabalho, foram selecionados os temas mais relevantes acerca da aptidão física.

O início do livro é marcado pela discussão conceitual da terminologia básica da aptidão física e saúde, apresentando de forma coesa os conceitos de saúde, atividade física, doenças relacionadas, fatores de risco, princípios científicos e componentes da atividade física, além dos fatores intervenientes da qualidade de vida, com a discussão dos mecanismos de avaliação dela.

Na sequência, são apresentados os temas pertinentes à fisiologia do exercício, como uma forma de fundamentar os capítulos posteriores destinados à prescrição. Essa parte trata de estabelecer uma relação entre a teoria e a prática, desmistificando a necessidade de grandes reflexões teóricas da fisiologia geral para se desenvolver uma linha clara de raciocínio dos mecanismos essenciais da fisiologia do exercício. Para isso, foram exemplificadas as ações bioenergéticas dos sistemas de ressíntese do ATP, assim como os dois grandes efeitos promovidos pela prática da atividade física, o geral e o localizado.

Antes dos capítulos relacionados à prescrição do exercício para a qualidade de vida, fundamentou-se a necessidade de o programa de prescrição estar diretamente atrelado a um sistema de avaliação dos componentes da aptidão física. Foi inicialmente apresentada uma proposta de anamnese e de avaliação da composição corporal. Já os procedimentos dos testes de avaliação das capacidades motoras de resistência cardiorrespiratória, força e flexibilidade foram especificados no início de cada capítulo, com a finalidade de valorizar um sistema de avaliação física interligado ao processo de prescrição do exercício.

A apresentação dos mecanismos de prescrição do exercício de efeito geral, do efeito localizado e da flexibilidade seguiu o mesmo padrão em cada capítulo. Primeiro, propôs-se um sistema de avaliação da capacidade motora envolvida; depois, foram apresentados os estudos que justificam a necessidade daquele exercício para a saúde e prevenção de doenças; finalmente, foram esclarecidas as ações relacionadas à teoria do treinamento, com a apresentação dos principais meios e métodos utilizados, encerrando-se com os modelos e exemplos práticos da organização de um programa de condicionamento físico para a saúde.

Acredito que esta obra tem como principal finalidade oferecer subsídios teóricos e práticos para a elaboração de um programa de atividade física completo e seguro que possam ser utilizados por profissionais da Educação Física e também por profissionais da saúde que participem de programas multidisciplinares de qualidade de vida. A proposta do estudo parte de experiências, reflexões e levantamentos teóricos que podem, de uma forma simples e objetiva, direcionar os conhecimentos da Educação Física especificamente para o público que mais cresce atualmente, o da saúde, bem-estar e qualidade de vida.

Boa Leitura!

Profa. Dra. Simone Sagres Arena

Prefácio

Posso afirmar, com a convicção de quem as tem vivenciado intensamente, que as mudanças que a Educação Física brasileira tem apresentado nas últimas três décadas são, de fato, extraordinariamente gigantescas. O nível de conhecimento que o estudante e o profissional de Educação Física têm condições de receber é hoje muito distante daquele oferecido nos anos 1970 e 1980. Paradoxalmente, posso afirmar também que, apesar de tal distanciamento, surgiram nesses anos profissionais altamente talentosos, dotados de um espírito crítico e científico muito elevado e, acima de tudo, extremamente comprometidos com as propostas inabaláveis da pedagogia educacional. A Profa. Simone Arena pertence, sem dúvida, a esse seleto grupo de jovens estudiosos que se amalgamam e persistem em contribuir com o avanço científico e literário da nossa importante área.

O livro *Exercício e qualidade de vida* demonstra uma preocupação didática de grande alcance e que provavelmente terá uma importância preferencial para estudantes e professores que necessitem estruturar com a simplicidade do rigor técnico as suas aulas de condicionamento físico.

As inesgotáveis possibilidades dos temas abordados pela autora atingem uma dinâmica pedagógica de grande interesse ao permitir que pessoas, tenham elas pouca informação científica relacionada ou sejam estudantes avançados, possam usufruir cognitivamente do prisma ágil imposto na leitura.

Um dos grandes questionamentos da sociedade atual se relaciona com a qualidade e o estilo de vida. No primeiro capítulo, encontramos informações detalhadas sobre os inúmeros fatores que as pessoas deveriam observar para obter e usufruir de estados apropriados de saúde, discutindo-se aí assuntos relevantes, com referências a autores de grande importância na área.

Nos capítulos seguintes, é apresentado um formato muito bem elaborado de uma aula tradicional de condicionamento físico, isto é, que explora as fases de aquecimento, principal – composta por exercícios de efeito geral e/ou de efeito local – e de esfriamento – composta por exercícios que também desenvolvem a flexibilidade. Além disso, há ampla informação sobre a avaliação física e a composição corporal, estabelecendo os passos necessários para uma aplicação cuidadosa e o aproveitamento funcional dos resultados.

O aquecimento, como parte inicial de qualquer programa de atividade física, é tratado com os cuidados necessários, permitindo ao leitor apreciar as categorias de exercícios que o compõem e, ainda, a estrutura didática de sua execução. A capacidade cardiorrespiratória é evidenciada com uma análise detalhada dos principais protocolos utilizados para a medição de VO_2máx, assim como os detalhes das modalidades mais utilizadas para o desenvolvimento dessa capacidade. Com relação ao exercício de efeito local, é possível apreciar um planejamento dos métodos de treinamento localizado, com exemplos variados e claros de exercícios para os principais grupos musculares. Por último, os exercícios para flexibilidade, de extremo interesse e funcionalidade, foram expostos em ilustrações de fácil compreensão.

Acredito firmemente que as informações contidas no livro *Exercício e qualidade de vida* contribuirão de maneira especial a todos aqueles que desenvolvem ou querem desenvolver atividades profissionais personalizadas, tanto pelas inúmeras propostas que favorecem o acompanhamento e controle do condicionamento físico como pelas variadas formas de estimular o treinamento.

Finalmente, devo referenciar aos leitores que prefaciar este livro constitui para mim um especial privilégio, já que acompanhei a carreira de Simone Arena desde os tempos da sua graduação até hoje, como colega no ensino superior, o que, com certeza, justifica a minha admiração pessoal e profissional.

Prof. Dr. Carlos Hernan Guerreiro Santana

Sumário

Exercício físico e qualidade de vida

Exercício físico e qualidade de vida

Exercício físico e qualidade de vida

Exercício físico e qualidade de vida

Exercício físico e qualidade de vida

Exercício físico e qualidade de vida

Exercício físico e qualidade de vida

Exercício físico e qualidade de vida

Exercício físico e qualidade de vida

Capítulo 1

Saúde, atividade física e qualidade de vida

A evolução do ser humano na sociedade está estreitamente relacionada à atividade física. Desde os tempos mais remotos o homem realiza atividades físicas para sobreviver. Hoje em dia, no entanto, em razão de algumas facilidades da vida contemporânea, o estilo de vida dos indivíduos – principalmente daqueles que vivem nos grandes centros urbanos – tem se modificado.

À tecnologia alia-se um modo de vida que estimula o conforto do corpo, o qual se traduz pela prática mínima de movimento. Como exemplos de tecnologias que favorecem tal modo de vida, temos os diferentes veículos de transporte humano, os elevadores, as escadas rolantes, os aparelhos domésticos e até mesmo o controle remoto. Ao mesmo tempo que nos trazem comodidade à vida diária, elas nos predispõem à inatividade física.

Na sociedade atual, tem-se valorizado cada vez mais a prática de exercícios físicos regulares e orientados por um profissional de Educação Física. A atividade física constante pode auxiliar na prevenção e no tratamento de uma série de doenças, além de proporcionar uma maior qualidade de vida.

Um programa de exercícios voltado à saúde tem como principal meta desenvolver a aptidão física dos envolvidos, a qual é composta por uma série de componentes determinantes. Antes de enumerarmos todos os componentes, é necessário conceituar alguns aspectos relacionados à prática de exercícios físicos orientados. Devemos conhecer os primeiros elementos que dizem respeito à saúde em nossa sociedade, como fatores de risco, doenças relacionadas à inatividade física, tipos de atividade física e qualidade de vida.

Saúde

A Organização Mundial da Saúde (OMS) tem uma visão ampla e abrangente do ser humano, considerando-o na sua totalidade de corpo e mente. Por isso, o conceito atual de saúde segundo a OMS compreende um estado de bem-estar físico, mental e social, e não apenas a ausência de doenças.[63]

Além da proposta da OMS para a saúde, que se alicerça em três pilares – físico, mental e social –, existem as cinco dimensões do bem-estar sugeri-das por Guiselini,[25] que favorece uma visão mais holística e integral do ser humano com base nos bem-estares físico, emocional, social, mental e espiritual (Figura 1.1). O bem-estar físico está re-lacionado aos aspectos de aparência, aptidão físi-ca e saúde física. O bem-estar emocional se refe-re aos aspectos da autoimagem e do controle do estresse. O bem-estar social se refere às formas de relacionamento social no ambiente familiar, no trabalho e nas horas de lazer com os amigos. O bem-estar mental está relacionado com a re-alização profissional e pessoal e com o próprio corpo. Por último, o bem-estar espiritual relacio-na-se com as crenças e os valores pessoais.

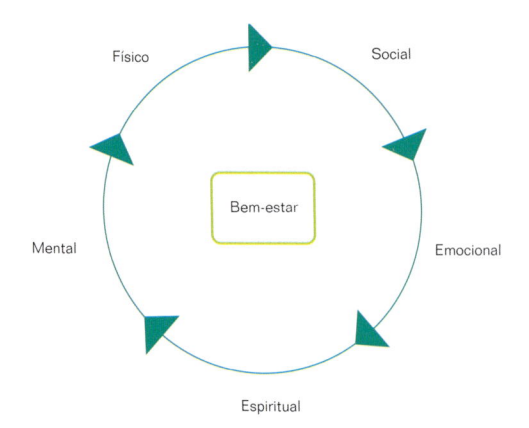

Figura 1.1 – Dimensões do bem-estar segundo Guiselini.[25]

Fatores de risco à saúde e doenças

A manutenção da saúde de um indivíduo pode ser comprometida por conta de uma série de aspectos, os quais são conhecidos como fatores de risco. Há os fatores de risco modificáveis – dieta inadequada, inatividade e fumo (consumo de drogas em geral) –, ou seja, são ocasionados pelo próprio estilo de vida do indivíduo. A última estatística da OMS[63] indicou que dois terços das causas de morte no mundo estão associados a esses fatores. Há também os fatores não modificáveis, os quais não podem ser controlados pelo indivíduo: a idade e a hereditariedade.

Todos os fatores de risco, modificáveis e não modificáveis, recebem influência direta dos determinantes culturais, políticos e ambientais, como a globalização, a urbanização e o envelhecimento, que podem acelerar ou retardar o surgimento de diferentes doenças crônicas, quais sejam: a doença coronariana, o derrame, o câncer, a obesidade e o diabetes (Quadro 1.1).

As doenças hipocinéticas e as hipercinéticas

Todos os fatores mencionados colocam a saúde em risco, ou seja, afetam o estado de bem-estar e podem provocar doenças em geral. Tratando especificamente das doenças relacionadas com a atividade física, podemos dividi-las

Quadro 1.1 – Fatores de risco e doenças crônicas

Determinantes culturais, políticos e ambientais	Fatores de risco modificáveis	Doenças crônicas mais comuns
Globalização	Dieta inadequada	Cardiopatias
Urbanização	Inatividade	Derrame
Envelhecimento	Fumo	Câncer
		Obesidade
		Diabetes

em dois grandes grupos: doenças hipocinéticas, referentes à inatividade ou ao sedentarismo, e hipercinéticas, referentes ao excesso de exercício físico ou esporte.[25]

O termo hipocinético vem da junção de *hipo*, que significa baixo ou pouco, e *cinético*, que significa movimento. As doenças crônicas da atualidade, como as cardiopatias em geral, a obesidade, o diabetes e o AVC (acidente vascular cerebral), têm estreita ligação com o sedentarismo. Os dados mais recentes da OMS[63] indicam que 30% das mortes no mundo são causadas por doenças cardíacas, e, na metade dos casos, estão associadas ao excesso de peso. As doenças hipocinéticas, relacionadas ao sedentarismo, podem ser prevenidas pela prática regular de um programa de exercícios físicos, dieta apropriada e combate ao fumo.

O termo hipercinético vem da junção de *hiper*, que significa alto ou muito, e *cinético*, que significa movimento. As doenças hipercinéticas, associadas ao excesso da prática de atividade física e/ou esporte, são menos frequentes do que as hipocinéticas, mas devemos atentar para seus casos mais comuns. A atividade física em demasia pode provocar lesões tanto por acidente (macrotrauma) ocorrido durante sua prática quanto por microtraumatismos que levam a lesões crônicas do aparelho locomotor, como tendinites, fraturas por estresse, lesões cartilaginosas, entre outras. Há ainda os distúrbios psicológicos relacionados à imagem corporal, como a dismorfia, e os distúrbios alimentares.

Tendo em mente as concepções de doença hipocinética e hipercinética, evidencia-se a necessidade de conscientização da população em geral e dos profissionais da área de Educação Física de que a falta, assim como o excesso de atividade física podem provocar doenças.

Doenças hipocinéticas e doenças hipercinéticas

Doenças *hipocinéticas*

- *Hipo*: baixo ou pouco; *cinética*: movimento;
- Doenças decorrentes da falta de prática de atividade física regular;
- Exemplos: obesidade, doenças cardíacas em geral e diabetes.

Doenças hipercinéticas

- *Hiper*: elevado ou muito; *cinética*: movimento;
- Doenças decorrentes do excesso de atividade física e/ou esporte;
- Exemplos: lesões em geral (macrotraumas e microtraumas), distúrbios de imagem corporal (dismorfia) e distúrbios alimentares (anorexia e bulimia).

Benefícios da atividade física e controle de doenças

Cientistas da atividade física e profissionais da saúde afirmam que a prática regular de exercícios físicos constitui a melhor defesa contra o desenvolvimento de muitas doenças, distúrbios e indisposições. Pessoas que não se exercitam frequentemente apresentam maior risco de desenvolver doenças crônicas como cardiopatia coronariana, hipertensão, diabetes mellitus, hipercolesterolemia (colesterol elevado), câncer, obesidade e distúrbios musculoesqueléticos.

A ocorrência de obesidade e doenças associadas cresceu vertiginosamente na última década. O senso de 2007 do Instituto Brasileiro de Geografia e Estatística (IBGE) indicou que cinco a cada dez brasileiros têm excesso de peso, e que um a cada dez brasileiros é obeso.

Uma pesquisa mais recente na área de saúde pública, realizada pela Unifesp e pelo Ministério da Saúde,[42] faz o alerta de que, a cada sessenta horas, uma pessoa morre na cidade de São

Paulo em decorrência da obesidade. Em 2007, 148 paulistanos foram vítimas dessa doença, ante 167 óbitos por desnutrição. Entre 1997 e 2007, a quantidade de mortes por excesso de peso cresceu 400%, enquanto o número de vítimas por desnutrição caiu 34% (Gráfico 1.1).

Gráfico 1.1 – Mortes por desnutrição e por obesidade em São Paulo.[42]

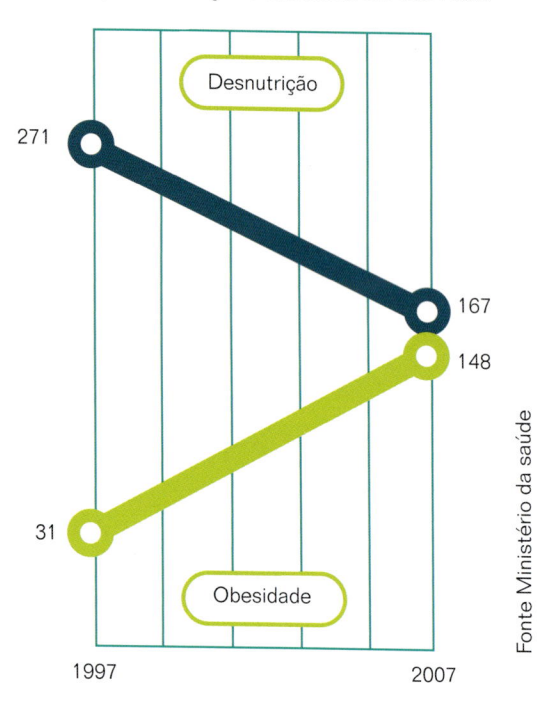

Na balança
Mortes por desnutrição e obesidade em São Paulo

Desnutrição

271

167

148

31

Obesidade

Fonte Ministério da saúde

1997   2007

Resumidamente, os principais benefícios da atividade física em relação ao controle das doenças hipocinéticas são:[30]

Risco reduzido de:

- Morrer prematuramente;
- Morrer prematuramente de cardiopatia;
- Desenvolver diabetes mellitus;
- Desenvolver hipertensão;
- Desenvolver câncer de colo.

Redução da:

- Pressão arterial em pessoas hipertensas;
- Depressão e ansiedade.

Auxilia a:

- Controlar o peso corporal;
- Desenvolver e manter ossos, músculos e articulações saudáveis;
- Desenvolver força e agilidade em idosos, diminuindo o risco de quedas graves;
- Criar uma sensação de bem-estar psicológico.

Atividade física

Conceito

Toda e qualquer atividade corporal que envolva dispêndio de energia ou gasto calórico.

Atividade física não estruturada e atividade física estruturada

A atividade física não se restringe apenas àquela realizada em academias e clubes.

Praticamos atividade física em diversas situações cotidianas: ao nos locomovermos dentro de casa, para o trabalho, nas tarefas domésticas e nos passeios em geral. Dessa forma, podemos dividir a atividade física em dois grandes grupos: estruturada e não estruturada. A não estruturada está relacionada às atividades da vida diária que envolvem dispêndio de energia, mas que não têm planejamento ou objetivo definido. Já a atividade física estruturada caracteriza-se por um programa sistematizado de exercícios físicos, com planejamento e metas definidas, orientado por um profissional de Educação Física.

Tipos de atividade física

Não estruturada

- Atividades físicas da vida diária, sem organização ou planejamento;
  - Exemplos: tarefas domésticas, caminhar para o trabalho, passear com o cachorro e andar pelo *shopping*.

Estruturada

- Atividades físicas organizadas, com exercícios sistematizados;
- Orientada por um profissional de Educação Física;
- Exemplos: ginástica, musculação, natação e hidroginástica.

As indicações do Colégio Americano de Medicina do Esporte (ACSM) sobre estilo de vida,[7,39] prática de atividades físicas e saúde estão direcionadas às mudanças de comportamento, como: reduzir o número de horas das atividades intelectuais realizadas em computadores e de leituras extensas; dedicar ao menos dois dias por semana para atividades realizadas com o corpo em movimento; realizar uma atividade física estruturada pelo menos três vezes por semana; e introduzir na rotina diária hábitos saudáveis de locomoção (Figura 1.2).

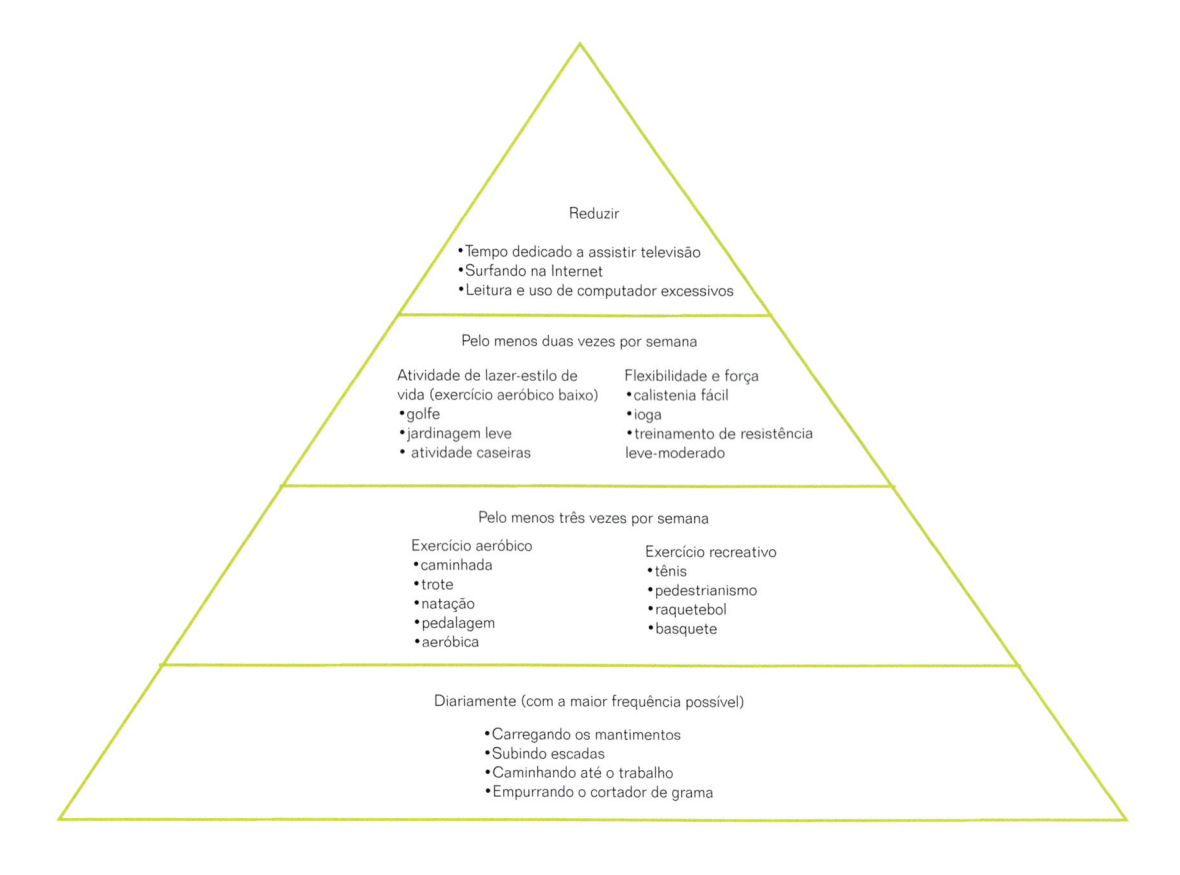

Reduzir
• Tempo dedicado a assistir televisão
• Surfando na Internet
• Leitura e uso de computador excessivos

Pelo menos duas vezes por semana

Atividade de lazer-estilo de vida (exercício aeróbico baixo)
• golfe
• jardinagem leve
• atividade caseiras

Flexibilidade e força
• calistenia fácil
• ioga
• treinamento de resistência leve-moderado

Pelo menos três vezes por semana

Exercício aeróbico
• caminhada
• trote
• natação
• pedalagem
• aeróbica

Exercício recreativo
• tênis
• pedestrianismo
• raquetebol
• basquete

Diariamente (com a maior frequência possível)
• Carregando os mantimentos
• Subindo escadas
• Caminhando até o trabalho
• Empurrando o cortador de grama

Figura 1.2 – Pirâmide da atividade física.[39]

A atividade física estruturada tem como principal meta desenvolver a aptidão física dos seus praticantes, prevenindo doenças hipocinéticas, melhorando o estilo e, consequentemente, a qualidade de vida.

A aptidão física pode ter como principal finalidade melhorar a saúde ou o rendimento esportivo. Os componentes da aptidão física voltada à saúde e aqueles da aptidão física voltada ao rendimento esportivo diferem conforme a literatura. Antes de citarmos um modelo padrão de componentes, é necessário esclarecer as diferenças e divisões entre as habilidades e capacidades motoras.

Habilidades e capacidades motoras

Basicamente, as habilidades motoras são tarefas motoras que aprendemos durante o crescimento físico, e são divididas em fundamentais e especializadas.[21] Já as capacidades motoras são condições motoras inatas e geneticamente determinadas,[60,61] as quais aumentam em decorrência do crescimento físico, estabilizam na idade adulta e decaem com o sedentarismo e o envelhecimento. Alguns autores dividem as capacidades motoras em condicionantes e coordenativas, a fim de facilitar sua compreensão.[11,60] O modelo proposto abaixo segue essa determinação (Quadro 1.2).

Quadro 1.2 – Habilidades e capacidades motoras

Habilidades motoras	Fundamentais	Especializadas
Tarefas motoras que são aprendidas	▪ Locomoção: andar, correr, saltar etc.; ▪ Manipulação: segurar, lançar, rolar, quicar, bater etc.; ▪ Estabilização: girar, escalar, rolar o corpo, equilibrar-se em um apoio etc.	▪ Técnicas motoras específicas: escrever, costurar, pintar etc.; ▪ Técnicas esportivas: fundamentos esportivos conforme a modalidade.
Capacidades motoras	**Condicionantes**	**Coordenativas**
Condições motoras com as quais se nasce	▪ Velocidade; ▪ Força; ▪ Flexibilidade; ▪ Resistência.	▪ Agilidade; ▪ Equilíbrio; ▪ Ritmo; ▪ Percepção espaço-tempo; ▪ Lateralidade.

Um profissional da Educação Física pode utilizar diferentes exercícios como meios de treinamento para aprimorar a aptidão física de seus alunos. Tais exercícios estimulam diferentes habilidades motoras fundamentais e, no caso do rendimento esportivo, combinam habilidades fundamentais e especializadas conforme a modalidade. O estímulo dessas habilidades motoras promove o aumento das capacidades motoras, algumas das quais são desenvolvidas de acordo com a organização do programa de treinamento.

dos componentes da aptidão física a partir das capacidades motoras de força, flexibilidade e resistência, as quais promovem alterações na composição corporal, na coordenação motora e no relaxamento.

A relação entre exercício e qualidade de vida segue, neste livro, a proposta de quatro componentes da aptidão física: as mudanças na *composição corporal*, o aumento da capacidade de *resistência cardiorrespiratória*, o aumento da *força* e *resistência muscular localizada* e a melhora da *flexibilidade* (Figura 1.3).

Componentes da aptidão física voltada à saúde e à qualidade de vida

Quando o programa de treinamento tem como fim o rendimento esportivo para atletas, todas as capacidades motoras condicionantes melhoram a aptidão física e, consequentemente, alteram favoravelmente a composição corporal. Para Kiss,[32] os componentes da aptidão física são velocidade, força, resistência, flexibilidade e composição corporal. Já para um programa voltado à saúde, Guiselini[25] propõe a seleção

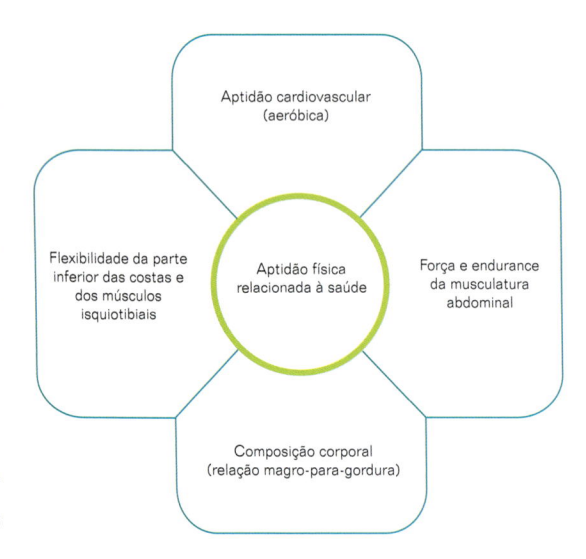

Figura 1.3 – Componentes da aptidão física relacionada à saúde.

Objetivo da atividade física para a saúde

Desenvolver a aptidão física e a saúde, promovendo alterações positivas nos seguintes componentes:

- Composição corporal: diminuir massa corporal gorda e aumentar massa magra;
- Resistência cardiorrespiratória: aumentar a capacidade do coração e dos pulmões;
- Força: aumentar a capacidade dos músculos de realizar tensão, fortalecendo também ossos, tendões e ligamentos;
- Flexibilidade: aumentar a amplitude articular e a elasticidade muscular.

Planejamento de um programa de atividade física para a saúde

Basicamente, um programa para a saúde deverá ser organizado de maneira que cada sessão contenha as seguintes fases:

- Aquecimento: sequência de exercícios leves que preparam os diferentes sistemas do corpo para uma atividade mais vigorosa;
- Exercícios de efeito geral: promovem a resistência cardiorrespiratória. Por exemplo: caminhar, pedalar, correr, ginástica geral, exercícios ergométricos, hidroginástica etc.;
- Exercícios de efeito local: promovem o aumento da força e da resistência muscular localizada. Por exemplo: ginástica localizada e musculação;
- Esfriamento: composto por exercícios de relaxamento corporal e de alongamento, que aumentem a flexibilidade.

Organização geral do programa

Para dar início a um programa de atividade física e para controlar de forma segura sua evolução, as seguintes orientações são importantes:

- Avaliação médica antes do início do programa, a qual deverá incluir avaliação clínica, exames laboratoriais e teste ergométrico com eletrocardiograma;

- Avaliação física inicial, com testes que avaliem os componentes da aptidão física, como composição corporal, resistência cardiorrespiratória, força e flexibilidade;
- Avaliação física periódica no decorrer do programa pelo mesmo profissional que prescreveu os exercícios;
- Orientação e supervisão por um profissional da Educação Física capacitado a todo momento.

Princípios biológicos da aptidão física para a saúde

O desenvolvimento das capacidades motoras para a saúde ou para o rendimento segue princípios básicos da biologia e da fisiologia humana, os quais norteiam a base da teoria do treinamento físico. A literatura sobre treinamento esportivo relaciona diferentes princípios científicos.[8,11,61] Neste estudo, apresentamos a descrição básica de oito princípios, a fim de facilitar a compreensão do efeito do exercício físico no corpo humano.

Princípio da saúde

A atividade física estruturada pode ter inúmeros objetivos, mas a principal meta de qualquer programa de condicionamento físico deve ser a melhora da saúde.

Princípio da conscientização

Conscientizar um aluno significa informá-lo em todas as sessões de treino sobre os objetivos de cada exercício, a finalidade do programa e as implicações fisiológicas que a atividade física pode provocar. Nada mais é do que apresentar os porquês daquela proposta de exercícios, e, para tanto, o profissional de Educação Física deverá possuir conhecimento científico atualizado.

Princípio da individualidade biológica

No início de um programa de exercícios, deve-se considerar que cada aluno possui particularidades quanto à resposta ao treinamento físico. A primeira característica própria a ser observada é a faixa etária do aluno – se é criança, adolescente, adulto ou idoso. Cada faixa exige especificações diferenciadas com relação à prescrição de exercícios físicos. Outras características individuais a serem consideradas são: o sexo, a existência ou não de doenças crônicas, a presença de fatores de risco e os objetivos pretendidos com a atividade física.

Princípio da adaptação

Quando o nosso corpo é submetido a uma proposta nova de exercícios físicos, leva um determinado tempo para que se acostume à atividade. Esse período é denominado adaptação e deve ser respeitado de acordo com a resposta fisiológica de cada sistema. Por exemplo: os sistemas cardiorrespiratório e muscular se adaptam rapidamente – em torno de quatro semanas – a um programa de treinamento; já o sistema locomotor passivo – ossos, tendões e ligamentos – pode levar até seis meses para se adaptar a uma proposta nova e mais intensa de exercícios.

Princípio da elevação gradativa de carga

Depois da adaptação mencionada acima, ocorre uma acomodação dos sistemas àquela atividade. Daí surge a necessidade de novos estímulos, ou seja, a elevação da carga de treino no que se refere a volume (quantidade de treino) e intensidade (qualidade de treino ou esforço).

Princípio da continuidade

Para se obterem os resultados esperados com um programa de atividade física estruturada, esta deve seguir padrões de periodicidade, com, no mínimo, três sessões semanais de treinamento.

Princípio da reversibilidade

Todos os benefícios ou alterações fisiológicas adquiridos com a atividade física estruturada são usufruídos enquanto de sua realização. Com a interrupção do programa, os resultados obtidos com ele passam a ser reversíveis. Em poucas semanas, as capacidades motoras condicionais diminuem consideravelmente.

Princípio da especificidade

Existem exercícios físicos específicos para desenvolver certas capacidades motoras. Há exercícios que aumentam a capacidade de força, aqueles que melhoram a flexibilidade e aqueles que aumentam a capacidade de resistência cardiorrespiratória. Conforme o tipo específico de estímulo, existe uma resposta, também específica, de um determinado sistema ou uma capacidade motora.

Qualidade de vida

O tema qualidade de vida tem sido constantemente evidenciado na sociedade contemporânea e em todas as áreas do conhecimento. Observa-se a necessidade das diferentes áreas de determinar o que é qualidade de vida: a de humanas, que busca estudar o homem dentro da sociedade; a biológica e da saúde, que estuda o homem dentro do conjunto de seres vivos; e mesmo a de exatas, que, a partir da produção de tantos recursos tecnológicos, também busca a melhor qualidade de vida desse homem. Assim, determinar o que significa qualidade de vida implica conhecer os principais indicadores que norteavam e que norteiam atualmente tais parâmetros.

A sociedade contemporânea tem presenciado nas últimas décadas uma mudança drástica do estilo de vida, o que afeta diretamente a definição do que é qualidade de vida. As transições ocorridas nos patamares sociais justificam a necessidade de se compreender que a qualidade de vida foi influenciada por fatores demográficos, tecnológicos e epidemiológicos.[43]

As últimas décadas do século XX foram marcadas por uma grande explosão demográfica, evidenciada pelo crescimento populacional, pelo envelhecimento da população e pela gigantesca concentração urbana. Quanto aos fatores tecnológicos, observamos o crescimento acelerado das parafernálias eletrônicas, que se dá a ver, por exemplo, pela sofisticação dos veículos de transporte, da informática e dos eletroeletrônicos. Dentro desse contexto, é interessante observar como os fatores demográficos e tecnológicos interferem diretamente nos aspectos epidemiológicos relacionados à saúde. Ao passo que uma série de doenças infecto-contagiosas foi erradicada ou até mesmo controlada com programas de vacinação eficientes, presenciamos a explosão de doenças como a obesidade, as cardiopatias, o estresse e a depressão, muitas vezes decorrentes do aumento das carreiras administrativas, da busca excessiva de bens materiais, da inatividade física e de hábitos alimentares inadequados.

Levando-se em conta essas alterações demográficas, tecnológicas e epidemiológicas marcantes, e também as novas tendências comportamentais, ressalta-se a importância do estudo da qualidade de vida. Existe a necessidade de se investigar a qualidade de vida principalmente nos grandes centros urbanos, que possuem limitações de espaço livre para a atividade física, e onde o custo de vida é mais elevado e os hábitos alimentares são menos saudáveis, com enorme consumo de alimentos industrializados.

Conceito de qualidade de vida

Percepção de bem-estar resultante de um conjunto de fatores individuais e sócio-ambientais que caracterizam as condições nas quais as pessoas vivem.[43]

Estilo e qualidade de vida

Basicamente, o estilo de vida de uma pessoa é determinado por ela mesma e compreende os hábitos diários de sua rotina, como o tipo de alimentação, a quantidade de horas de sono, a existência ou não de vícios (fumo e álcool, por exemplo), sua profissão, o controle do estresse, a prática ou não de esporte e/ou atividade física regular etc. Já a qualidade de vida é muito mais abrangente e depende diretamente do estilo de vida do indivíduo. Também é determinada pelo ambiente no qual se vive. Dessa forma, os aspectos de estrutura de uma cidade, muitas vezes determinados pelo Estado, jogam um papel importante; entre eles, destacam-se os itens de saneamento básico, o acesso a programas de saúde pública, os programas públicos de esporte e atividade física, entre outros.

Estilo e qualidade de vida

Estilo de vida

- Hábitos individuais diários de um indivíduo, saudáveis ou não;
- Exemplos: qualidade da alimentação, presença ou não de vícios (fumo e álcool) e prática (regular) ou não de atividade física e/ou esporte.

Qualidade de vida

- Depende do estilo de vida e do ambiente em que vive o indivíduo;
- Exemplos: saneamento básico, saúde pública, além do estilo de vida do indivíduo.

Técnicas de avaliação da qualidade de vida

Avaliar quantitativamente a qualidade de vida de um indivíduo, pautando-se por qualquer que seja das diferentes áreas do conhecimento, é uma ação um tanto pretensiosa. A própria definição do que é qualidade de vida difere muito conforme a área.

Especificamente na área da saúde, alguns instrumentos de avaliação são propostos pela literatura. Basicamente, consistem de questionários, os quais procuram identificar parâmetros de qualidade de vida – como atividade física, alimentação, controle do estresse, saúde física e psicológica – a partir da percepção do próprio avaliado em relação a esses fatores (Figura 1.4).

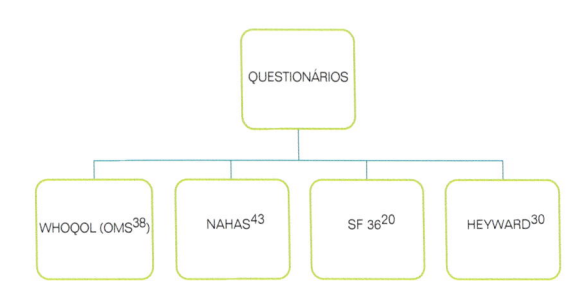

Figura 1.4 – Questionários de avaliação da qualidade de vida.

A OMS possui o seu próprio questionário, o WHOQOL, nas versões longa e abreviada. Esse questionário divide a qualidade de vida em domínios como físico, social, psicológico, ambiente e nível de independência.[38]

A área médica também desenvolveu o seu próprio instrumento de avaliação da qualidade de vida. O questionário SF36 procura avaliar a qualidade de vida dos indivíduos a partir dos parâmetros de percepção do avaliado em relação a sua capacidade funcional, seu estado geral de saúde, sua dor, sua vitalidade, seus aspectos sociais e emocionais e sua saúde mental.[20]

NAHAS[43] propôs um instrumento de avaliação a partir do pentáculo do bem-estar que procura identificar as percepções do avaliado sobre o nível de atividade física, a nutrição, o estresse, os relacionamentos e o comportamento preventivo.

Aqui, apresentamos a proposta de avaliação da qualidade de vida do instrumento intitulado *Fantástica lista de checagem de estilos de vida*.[30] Essa lista de variáveis relacionadas ao estilo de vida procura investigar a atividade física, a nutrição, o consumo de drogas, o tipo de comportamento, a autopercepção, a carreira, o sono, o estresse e a sexualidade (Figura 1.5).

Fantástica lista de checagem de estilos de vida[*]

Instruções: a menos que especificado de outra forma, coloque um "X" ao lado do espaço que descreve seu comportamento ou situação no mês passado. As explicações das questões e dos escores são fornecidas na página seguinte.

Amigos da família	Tenho alguém para conversar que é importante pra mim	Quase nunca	Raramente	Algumas vezes	Muitas vezes	Quase sempre
	Dou e recebo atenção	Quase nunca	Raramente	Algumas vezes	Muitas vezes	Quase sempre
Atividade	Sou vigorosamente ativo pelo menos 30 min/dia (p. ex.: corrida, ciclismo etc.)	Uma vez por semana	Uma a duas vezes por semana	Três vezes por semana	Quatro vezes por semana	Cinco ou mais vezes por semana
	Sou moderadamente ativo (p. ex.: jardinagem, subida de escadas, caminhada, afazeres domésticos)	Uma vez por semana	Uma a duas vezes por semana	Três vezes por semana	Quatro vezes por semana	Cinco ou mais vezes por semana
Nutrição	Minha dieta é balanceada (ver explicação)	Quase nunca	Raramente	Algumas vezes	Muitas vezes	Quase sempre
	Frequentemente como em excesso: 1) açúcar, 2) sal, 3) gorduras animais, 4) lanches rápidos ricos em calorias e de baixo valor nutritivo	As quatro opções	Três delas	Duas delas	Uma delas	Nenhuma delas
	Estou ___ kg acima do meu peso saudável	- 8 kg	8 kg	6 kg	4 kg	2 kg

[*] Imprima a Fantástica lista de checagem de estilos de vida no site www.institutophorte.com.br/livros.

Drogas Tabaco	Fumo cigarro	- 10 x/sem	1–10 x/sem	Nenhum nos últimos seis meses	Nenhum no ano passado	Nenhum nos últimos cinco anos
	Uso drogas como maconha e cocaína	Às vezes				Nunca
	Abuso de medicamentos prescritos ou "sem receita"	Quase dia-riamente	Muitas vezes	Apenas oca-sionalmente	Quase nunca	Nunca
	Bebo café, chá ou cola contendo cafeína	+ 10/dia	7–10/dia	3–6/dia	1–2/dia	Nunca
Álcool	Meu consumo médio de álcool por semana é de ___ (ver explicação)	- 20 doses	13–20 doses	11–12 doses	8–10 doses	0–7 doses
	Bebo mais de quatro doses em uma ocasião	Quase dia-riamente	Muitas vezes	Apenas oca-sionalmente	Quase nunca	Nunca
	Dirijo depois de beber	Às vezes				Nunca
Sono Cinto de segurança Estresse Sexo seguro	Durmo bem e sinto-me descansado	Quase nunca	Raramente	Algumas vezes	Muitas vezes	Quase sempre
	Uso cinto de segurança	Nunca	Raramente	Algumas vezes	Maioria das vezes	Sempre
	Consigo enfrentar os estresses na minha vida	Quase nunca	Raramente	Algumas vezes	Muitas vezes	Quase sempre
	Relaxo e aproveito meu tempo livre	Quase nunca	Raramente	Algumas vezes	Muitas vezes	Quase sempre
	Faço sexo seguro (ver explicação)	Quase nunca	Raramente	Algumas vezes	Muitas vezes	Sempre
Tipo de com-portamento	Pareço estar com pressa	Quase sempre	Muitas vezes	Algumas vezes	Raramente	Quase nunca
	Sinto raiva ou sou hostil	Quase sempre	Muitas vezes	Algumas vezes	Muitas vezes	Sempre

Autoper-cepção	Penso positivo ou sou otimista	Quase nunca		Raramente		Algumas vezes		Muitas vezes		Quase sempre	
	Sinto-me tenso ou ansioso	Quase sempre		Muitas vezes		Algumas vezes		Raramente		Quase nunca	
	Sinto-me triste ou deprimido	Quase sempre		Muitas vezes		Algumas vezes		Raramente		Quase nunca	
Carreira	Estou satisfeito com o meu emprego ou função	Quase nunca		Raramente		Algumas vezes		Muitas vezes		Quase sempre	

Passo 1

Totalize os X's em cada coluna.

☐ ☐ ☐ ☐ ☐

Passo 2

Multiplique os totais pelos números indicados (anote sua resposta do quadro abaixo).

0   x 1   x 2   x 3   x 4

Passo 3

Some esses escores abaixo para obter o seu total geral.

☐ + ☐ + ☐ + ☐ = ☐

Uma dieta balanceada:

De acordo com o *Guia Alimentar Canadense para Alimentação Saudável* (para pessoas a partir de 4 anos):

Pessoas diferentes necessitam de quantidades diferentes de alimentos

A quantidade de alimentos de que você necessita todos os dias dos quatro grupos alimentares e outros alimentos depende da sua idade, do tamanho corporal, do nível de atividade, do sexo e de você ser ou não gestante ou lactante. Por essas razões, o *Guia Alimentar* fornece números mínimo e máximo de porções para cada grupo alimentar. Por exemplo, crianças mais novas podem optar pelo número mínimo de porções, enquanto adolescentes do sexo masculino podem escolher o número máximo. A maioria das outras pessoas pode escolher um número de porções entre o mínimo e o máximo.

Produtos em grãos	Vegetais e frutas	Laticínios	Carne e alternativas	Outros alimentos
Escolha mais frequentemente grãos integrais e produtos enriquecidos	Escolha vegetais das cores verde-escura e laranja	Escolha mais frequentemente laticínios com pouca gordura	Escolha mais frequentemente carnes magras e peixe, bem como ervilhas secas, feijões e lentilhas	O sabor e o prazer também podem provir de outros alimentos e bebidas que não fazem parte de nenhum dos quatro grupos alimentares. Alguns desses alimentos são ricos em gordura ou calorias; então, ingira-os com moderação
Número recomendado de porções por dia:				
5–12	5–10	Crianças 4–9 anos: 2–3 Jovens 10–16 anos: 3–4 Adultos: 2–4 Gestantes e lactantes: 3–4	2–3	

Consumo de álcool:

Uma dose equivale a:

		Canadense	*Métrico*	*Norte-americano*
1 garrafa de cerveja	5% de álcool	12 oz.	340, 8 ml	10 oz.
1 cálice de vinho	12% álcool	5 oz.	142 ml	4,5 oz.
1 dose de conhaque	40% álcool	1,5 oz.	42,6 ml	1,25 oz.

Sexo seguro:

Refere-se ao uso de métodos para a prevenção de infecções ou concepção.

O que o escore significa?

85–100	70–84	55–69	35–54	0–34
Excelente	Muito bom	Bom	Regular	Precisa melhorar

Nota: Um escore total baixo não significa que você falhou. Há sempre a chance de mudar seu estilo de vida – começando agora. Verifique as áreas em que você obteve escore 0 a 1 e decida em que áreas você quer trabalhar primeiro.

Dicas:

1. Não tente mudar todas as áreas de uma só vez. Isso será muito árduo pra você.
2. Anotar suas propostas de mudança e sua meta geral ajuda no seu sucesso.
3. Realize mudanças em pequenos passos em direção à meta geral.
4. Peça a ajuda de um amigo para realizar mudanças semelhantes e/ou apóia-lo em suas tentativas.
5. Parabenize-se por alcançar cada passo. Dê a você mesmo recompensas adequadas.
6. Solicite mais informações sobre quaisquer dessas áreas ao seu instrutor de atividade física, ao médico ou enfermeiro da família ou ao departamento de saúde.

De Vivian H. Heyward, 2002, *Advanced Fitness Assessment and Exercise Prescription*, 4. ed. (Champaign, IL: Human Kinetics). Adaptada de D. Wilson, 1998, *Fantastic lifestyle assessment*, conforme aparece em *The Canadian Physical Activity, Fitness, and Lifestyle Appraisal* da CSEP, 2. ed.

Figura 1.5 – Fantástica lista de checagem de estilo de vida.[30]

Resumo

- A OMS atualmente conceitua saúde como bem-estar físico, mental e social, e não meramente como a ausência de doenças.

- Existem diferentes fatores que colocam a saúde em risco. Há aqueles que podem ser modificáveis, como a inatividade corporal, a alimentação inadequada e o consumo de drogas, e aqueles que não podem ser modificados, como a hereditariedade e a idade.

- Os diferentes fatores de risco aceleram o aparecimento de diferentes doenças. As doenças relacionadas ao sedentarismo são as hipocinéticas, como as cardiopatias, a obesidade, a hipertensão e o diabetes. Já aquelas relacionadas ao excesso de atividade física são as hipercinéticas, como as lesões em geral (macrotraumas e microtraumas).

- A prática de atividade física regular implica no dispêndio de energia saudável. A atividade física pode ser não estruturada (como as atividades físicas da vida diária) ou estruturada (como ginástica, esportes e musculação), mais indicada, já que deve ser orientada por um profissional de Educação Física.

- O objetivo da atividade física estruturada é promover a melhora da aptidão física voltada à saúde, e, para tanto, desenvolvem-se os componentes de composição corporal, a resistência cardiorrespiratória, a força e a flexibilidade.

- Todo programa de atividade física estruturada se organiza a partir do controle dos princípios biológicos do treinamento físico, como saúde, conscientização, individualidade biológica, continuidade, elevação gradativa da carga, reversibilidade e especificidade.

- A manutenção da saúde depende tanto do estilo de vida de um indivíduo (controle dos hábitos diários, como cuidados com alimentação, atividade física e controle do estresse) quanto da qualidade de vida, a qual também depende do estilo de vida, além de condições ambientais.

- A determinação do conceito de qualidade de vida varia conforme a área do conhecimento e a literatura utilizada. Alguns instrumentos procuram avaliar a qualidade de vida dos indivíduos por meio da percepção do próprio indivíduo sobre aspectos nutricionais, nível de atividade física, controle da saúde, tabagismo, entre outros.

Capítulo 2

Efeito do exercício e sistemas energéticos

Efeito do exercício

Exercício de efeito geral e exercício de efeito localizado

Um programa de atividade física estruturada utiliza exercícios que podem produzir dois tipos de efeito: geral ou local. O EEG mobiliza diferentes grupos musculares simultaneamente, isto é, mais de um sexto da massa muscular total.[11] Os EEG mais comuns são a caminhada, a corrida, a natação, o pedalar, entre outros. Eles têm como finalidade desenvolver a resistência muscular geral aeróbica ou anaeróbica ou, ainda, a capacidade cardiorrespiratória. Já o EEL mobiliza grupos musculares específicos, isto é, menos de um sexto da massa muscular total.[11] Seu objetivo é desenvolver a capacidade de força e de resistência muscular localizada, e pode ser aplicado em programas de ginástica localizada e na musculação.

Para esclarecermos melhor a subdivisão dos efeitos geral e localizado em anaeróbico e aeróbico, faz-se necessário apresentar uma resumida compreensão dos sistemas energéticos envolvidos na fisiologia do exercício físico.

Fonte imediata de energia: ATP

Durante um programa alimentar, ingerimos diferentes nutrientes necessários para produzir energia química e mecânica. As reações entre esses nutrientes resultam no componente químico ATP (trifosfato de adenosina), que é uma forma de energia definitiva utilizável para a realização de uma atividade muscular. O ATP é produzido no tecido muscular a partir da glicose ou do glicogênio muscular. A glicose deriva do fracionamento dos hidratos de carbono ou carboidratos dietéticos. Se ela não é necessária imediatamente, armazena-se como glicogênio no músculo em repouso e no fígado. O glicogênio armazenado no fígado pode ser transformado novamente em glicose e transferido para o sangue, a fim de satisfazer as necessidades energéticas do organismo. As gorduras e as proteínas também podem ser metabolizadas para gerarem ATP.[19,51,64]

Uma vez depletada grande quantidade de glicogênio muscular e hepático, o corpo passa a consumir as gorduras armazenadas no tecido adiposo para atender suas necessidades energéticas. Quanto maior for a duração de uma atividade intensa, maior será a quantidade de gordura utilizada. Durante o repouso e o esforço submáximo, tanto as gorduras como os carboidratos são utilizados como substrato energético, em uma proporção de aproximadamente 60% para 40%.

Independentemente da origem dos nutrientes que produzem ATP, este sempre estará disponível nas células como uma fonte imediata de energia. Quando todas as fontes de ATP forem depletadas, ocorrerá uma regeneração para que a contração muscular possa continuar.[19,51,64]

O ATP está presente em todos os músculos e, quando estes são acionados, há um dispêndio de energia. Existem três formas de reposição do ATP; duas são anaeróbicas (alática e lática) e uma é aeróbica (Figura 2.1).

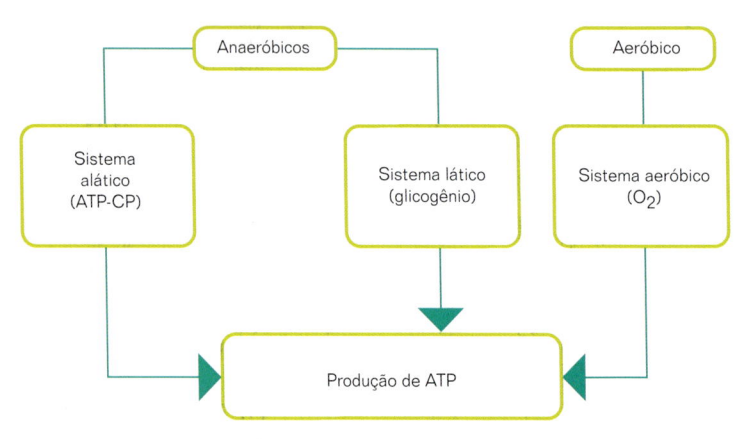

Figura 2.1 – Sistema de produção de energia.

Metabolismos aeróbico e anaeróbico

Vias de ressíntese do ATP

Dois grandes sistemas energéticos funcionam no tecido muscular: o metabolismo anaeróbico e o aeróbico. Na maioria das atividades físicas, ambos atuam simultaneamente. O grau de envolvimento dos dois principais sistemas energéticos é determinado pela intensidade e pela duração da atividade. Se a intensidade da atividade for baixa e a quantidade de oxigênio para atender às demandas dos tecidos ativos for suficiente, a atividade será considerada aeróbica. Inversamente, se a atividade for de intensidade elevada e com duração tal que o oxigênio disponível seja insuficiente para atender às demandas de energia, será considerada anaeróbica; consequentemente, uma dívida de oxigênio será contraída, a qual deverá ser paga durante o período de recuperação.

Cada um desses sistemas gera ATP. Se uma atividade física for realizada na intensidade máxima com baixa duração (até 15 s), a ressíntese do ATP ocorre a partir de sua própria desintegração e a partir da CP (creatina fosfato), que está estocada nos músculos. Este primeiro sistema de reposição do ATP denomina-se anaeróbico alático. De outra forma, se o exercício continuar intenso por mais tempo (até 3 min), com grande débito de oxigênio, a produção de energia se dá por meio da glicose, estocada nos músculos em forma de glicogênio. Se não houver oxigênio suficiente, o glicogênio é transformado em ácido lático, liberando energia de modo a ressintetizar o ATP. Tanto o ATP quanto o glicogênio muscular podem ser metabolizados sem a necessidade de oxigênio, ou seja, envolvem o metabolismo anaeróbico (que ocorre em presença muito pequena de oxigênio) (Quadro 2.1).[46,54]

O terceiro sistema energético, o aeróbico, age quando a intensidade é equilibrada e há quantidade suficiente de oxigênio para manter a atividade física por tempo prolongado (mais de 3 min, até horas). O substrato energético utilizado também é o glicogênio muscular; se o exercício se prolongar por muito tempo, ocorre o recrutamento de energia lipídica. À medida que o exercício continua, o corpo terá de confiar no metabolismo dos carboidratos (mais especificamente a glicose) e das gorduras, a fim de gerar ATP. Por requerer oxigênio, esse sistema de energia é denominado metabolismo aeróbico (que ocorre na presença suficiente de oxigênio) (Quadro 2.1).[46,54]

As pequenas explosões de contração muscular, por exemplo, como nas provas de alta velocidade de corrida ou natação, utilizam predominantemente o sistema anaeróbico. Já as provas de resistência dependem em grande parte do sistema aeróbico. Mas a maioria dos esportes utiliza uma combinação entre os metabolismos anaeróbico e aeróbico. Os esportes que não possuem predominância de sistema energético são denominados intermitentes; é o caso do futebol de campo, futsal, basquetebol, handebol, tênis, entre outros.

Supercompensação

Para repor os substratos energéticos consumidos durante a atividade física, é preciso respeitar o período de recuperação, o qual varia de acordo com o sistema utilizado. Se respeitado, os substratos são repostos em uma condição superior, ou de supercompensação, permitindo que o programa de atividade física estruturada, após um período mínimo de adaptação, sofra aumento em relação ao volume (quantidade) e à intensidade (qualidade/esforço) (Figura 2.2).[11,39]

Quadro 2.1 – Vias de ressíntese do ATP (trifosfato de adenosina)

Sistemas Variáveis	Anaeróbico alático	Anaeróbico lático	Aeróbico
Intensidade	Máxima	Submáxima	Moderada
Tempo	0–15 s	Até 3 min	Mais de 3 min
Oxigênio (O_2)	Muito pouco	Pouco	Muito
Substrato	ATP-CP	Glicogênio e lactato	Glicogênio e lipídios
Recuperação	6–12 h	48–78 h	24–48 h
Exemplos	100 m rasos	400 e 800 m rasos	5 e 10 km

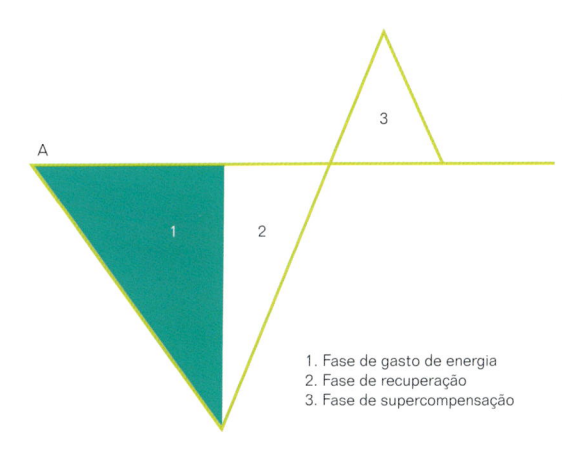

Figura 2.2 – Supercompensação do treinamento.

1. Fase de gasto de energia
2. Fase de recuperação
3. Fase de supercompensação

Características dos exercícios de efeito geral e de efeito localizado

O EEG pode ser realizado de forma aeróbica ou anaeróbica. Os exercícios que desenvolvem a resistência muscular geral aeróbica são imprescindíveis para o aumento da aptidão física voltada à saúde, pois utilizam quantidade suficiente de oxigênio ou possuem equilíbrio entre a captação do ar alveolar dos pulmões, seu transporte e sua utilização durante a prática. Esses exercícios podem ser realizados por períodos prolongados de tempo (mais de 3 min) desde que a intensidade (velocidade de execução) seja moderada ou permita o equilíbrio de oxigênio. Já a resistência muscular geral anaeróbica é importante em situações de rendimento esportivo ou modalidades que exijam grande capacidade de velocidade. Os EEG que solicitam o sistema anaeróbico provocam débito de oxigênio ou desequilíbrio. São estímulos de alta intensidade (velocidade de execução) e, consequentemente, de curta duração (menos de 3 min).[39,46,54]

O EEL pode solicitar os sistemas anaeróbico ou aeróbico, e isso, assim como acontece com o EEG, tem relação direta com a intensidade (carga). Um exercício localizado realizado com pouca carga ou peso permite a realização de um elevado número de repetições, com maior quantidade de oxigênio. Conforme a intensidade do exercício (carga) aumenta, torna-se necessário diminuir o número de repetições, já que a quantidade de oxigênio é menor. Quando o exercício localizado for realizado com até 30% da carga máxima, terá característica de resistência muscular localizada aeróbica. Com 40% a 70% da carga máxima, o exercício envolverá uma resistência mista. Acima de 70%, sua característica será anaeróbica, e a atividade terá como meta desenvolver a capacidade de força hipertrófica.

Efeitos do exercício físico

Exercício de efeito geral

- Solicita diferentes grupos musculares (mais de um sexto da massa muscular total);
- Objetivo:
  - Resistência cardiorrespiratória.
- Forma aeróbica (por exemplo: corrida de 3 km):
  - Quantidade suficiente de O_2;
  - Equilíbrio de O_2;
  - Longa duração.
- Forma anaeróbica (por exemplo: tiros curtos de 30 m e pausas):
  - Débito de O_2;
  - Desequilíbrio;
  - Curta duração.

Exercício de efeito localizado

- Solicita grupos musculares específicos (menos de um sexto da massa muscular total);
- Objetivos:
  - Força;
  - Resistência muscular localizada.
- Forma aeróbica (por exemplo: agachamento e rosca direta):
  - Quantidade suficiente de O_2;
  - Número elevado de repetições (acima de trinta).
- Forma anaeróbica (por exemplo: supino reto e desenvolvimento):
  - Débito de O_2;
  - Pequeno número de repetições (menos que 12).

Volume e intensidade no efeito do exercício

O volume de treinamento refere-se à quantidade de treino realizada em um determinado período de tempo – na semana, no mês, no semestre ou até no ano. Já a intensidade refere-se à qualidade do exercício praticado, ou seja, o esforço gerado na tarefa motora solicitada, seja de efeito geral ou de efeito localizado. Para quantificarmos o volume de treinamento do EEG ou do EEL em um determinado período de tempo, é necessário controlar algumas variáveis.

O volume do EEG é determinado com base no controle da frequência semanal e da duração da atividade cardiorrespiratória. A intensidade é determinada com base na velocidade de execução do exercício, a qual, por sua vez, é determinada individualmente por meio do controle da frequência cardíaca (FC) (dentro de uma faixa ideal de 60% a 85% da frequência cardíaca máxima – FCmáx – identificada em um teste ergométrico). Por exemplo: quanto mais rápido um indivíduo correr, maior será a intensidade do exercício realizado (Quadro 2.2).[39,51,64]

O volume do EEL é determinado pela quantificação das variáveis de frequência semanal, do número de exercícios realizados e do número de séries e repetições aplicado nos exercícios selecionados. A intensidade é determinada com base no peso aplicado; quanto maior o peso (carga em quilograma) aplicado no exercício localizado, maior será a intensidade da atividade. Por exemplo: quando praticamos o exercício de flexão de braços com os joelhos estendidos, a intensidade é maior (peso/carga) do que quando o realizamos com os joelhos no solo (Quadro 2.2).

Quadro 2.2 – Variáveis de volume e intensidade controladas no EEG e no EEL

Tipo de exercício	Variáveis de volume	Variáveis de intensidade
Exercício de efeito geral	Frequência semanal	Velocidade de execução Controle da FC
Exercício de efeito localizado	Duração/tempo	Peso em quilograma Carga

Resumo

- O exercício pode promover dois grandes efeitos: geral e localizado. O EEG solicita vários grupos musculares simultaneamente e tem como objetivo desenvolver a resistência cardiorrespiratória. O EEL tem por finalidade desenvolver a força e a resistência muscular, uma vez que solicita grupos musculares específicos.

- Das três vias de ressíntese do ATP (trifosfato de adenosina), duas são anaeróbicas. A via de ressíntese imediata é o ATP-CP (sistema trifosfato de creatina + creatina fosfato), disponível nos primeiros 15 s de contração muscular intensa, e é denominada anaeróbica alática. Com relação a exercícios intensos que durem até aproximadamente 3 min, ocorre, em decorrência da insuficiência de oxigênio, produção de lactato, e, por isso, essa via de ressíntese denomina-se anaeróbica lática. De outro modo, quando se realiza um exercício por um longo período (mais do que 3 min) com quantidade suficiente de oxigênio e com equilíbrio entre captação do sistema pulmonar, transporte e utilização no músculo, ocorre a terceira via, a aeróbica.

- Tanto o EEG quanto o EEL podem ser realizados de forma anaeróbica ou aeróbica. Os EEG realizados de forma anaeróbica são aqueles de distâncias curtas e alta intensidade. Já os realizados de forma predominantemente aeróbica são aqueles que duram vários minutos, ou até horas, com quantidade suficiente de oxigênio e intensidade moderada. Os EEL predominantemente aeróbicos são aqueles de intensidade média baixa e que melhoram a resistência muscular localizada. Já o exercício localizado de alta intensidade ou carga pode ser considerado anaeróbico, e tem como objetivo desenvolver a força muscular.

- O EEG e o EEL são organizados com base no controle do volume de treinamento, relativo à frequência semanal, à duração, ao número de exercícios, de série e de repetições. Já a intensidade refere-se ao esforço realizado no exercício ou à carga. Com relação ao EEG, a intensidade é controlada por meio da velocidade de execução do movimento; com relação ao EEL, por meio da quantidade de peso ou carga com que o exercício é executado.

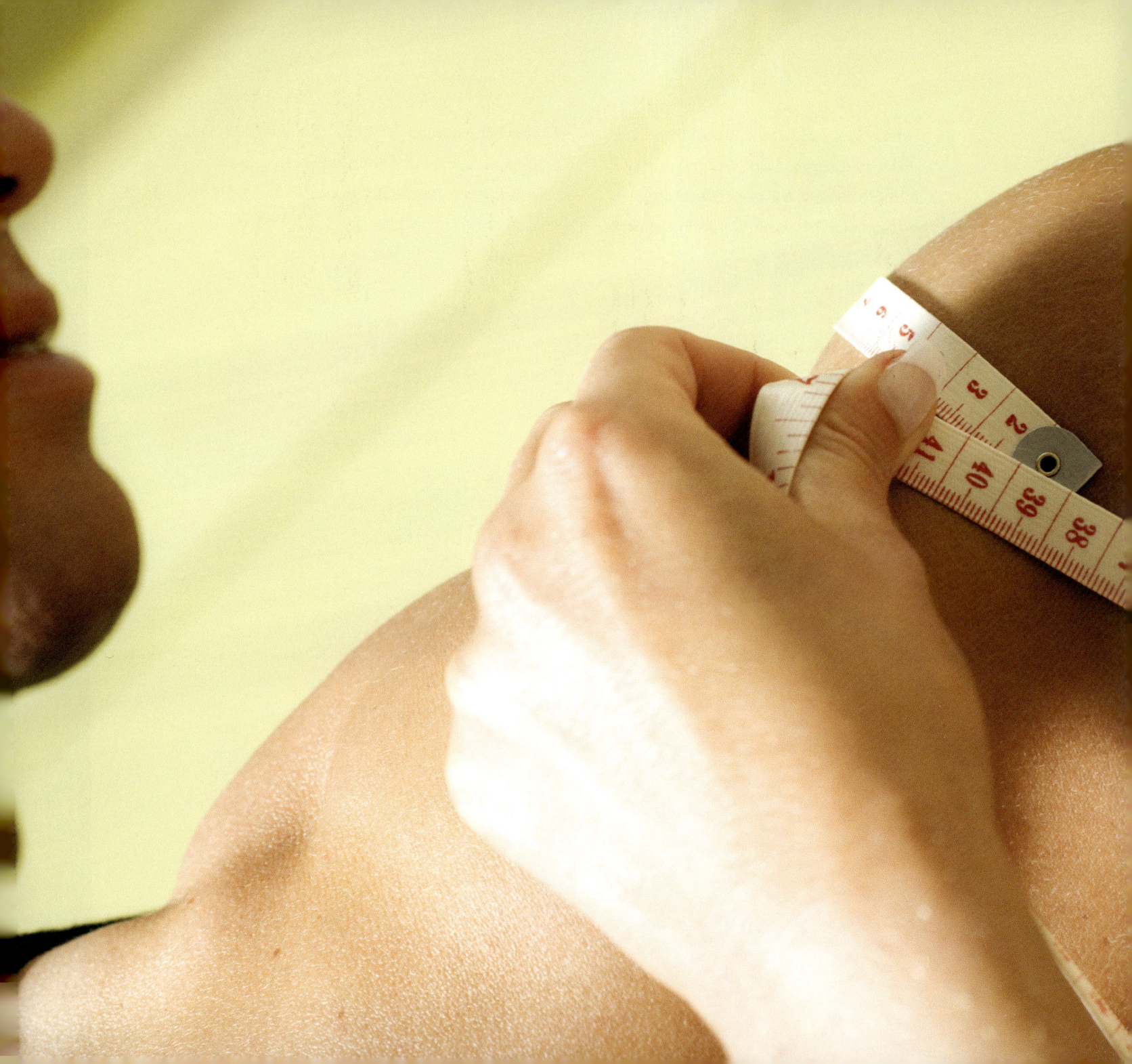

Capítulo 3

Avaliação física e da composição corporal

Todo programa de condicionamento físico deve ser elaborado com base nos resultados de uma avaliação física prévia. Além de nortear os primeiros passos para a elaboração do programa, a avaliação também fornecerá subsídios para o controle das variáveis que precisam de maior atenção por parte do professor, e, consequentemente, do próprio progresso do aluno.

A elaboração de uma bateria de testes de avaliação física deve partir da determinação dos componentes da aptidão física que podem ser avaliados. Os quatro componentes já citados – composição corporal, resistência cardiorrespiratória, força e flexibilidade – possuem instrumentos de avaliação.

Neste capítulo, de forma a facilitar a compreensão, serão mencionadas orientações para a elaboração de uma anamnese, além dos principais protocolos de avaliação da composição corporal.

Critérios para seleção de testes e interpretação de resultados

A escolha de um ou mais protocolos de avaliação física e de composição corporal para um programa de atividade física e saúde deve atender aos critérios mínimos de seleção de testes, a fim de minimizar os erros nas estimativas de resultados. A seguir, detalhamos as principais orientações.

Conhecer a origem do protocolo ou do teste

O profissional de Educação Física deverá conhecer o autor do teste, a metodologia da pesquisa aplicada, a população-alvo do estudo e as limitações existentes ao se utilizar tal técnica ou protocolo de avaliação.

Escolher os testes ou protocolos mais válidos, fidedignos e objetivos possíveis

A validade de um teste está em verificar se ele mede aquilo que se propõe a medir, ou seja, se existe uma alta correlação estatística (r) desse teste com outro já validado (r > 0,70).

A fidedignidade de um teste se refere ao grau de concordância entre os resultados de diferentes testagens dos mesmos avaliados. Quando da criação do teste, é importante que ele possua uma elevada correlação (r > 0,80) entre as diferentes testagens, o que indica que é fidedigno ou que possui uma boa reprodutibilidade.

Por último, a objetividade de um teste é determinada pela concordância entre os resultados obtidos nas testagens realizadas por diferentes avaliadores, ou seja, se existe uma elevada correlação estatística (r > 0,85) entre os resultados dos diferentes avaliadores utilizando os mesmos avaliados.[52]

Escolher os testes ou protocolos que foram testados originalmente em uma população semelhante à que está sendo avaliada no programa de atividade física

Se o protocolo ou teste selecionado foi idealizado ou testado utilizando-se uma população de idosos, é interessante que ele seja reproduzido em uma amostra semelhante. O contrário – utilizar um protocolo estimativo de porcentagem de gordura de adultos para uma população infantil, por exemplo – indica incoerência na organização do programa.

Evitar utilizar tabelas de resultados de classificação de um teste que utilizou uma população diferente da que está sendo avaliada

Por exemplo: utilizar, para um adulto não atleta, uma tabela de porcentagem de gordura ideal elaborada para atletas da natação.

Elaborar as próprias tabelas de classificação conforme os resultados encontrados na sua população-alvo

Com base na média e no desvio-padrão de um teste aplicado para um grupo de mais de cinquenta pessoas de mesmo sexo, faixa etária e nível de aptidão física, é possível identificar quem está na média do grupo, abaixo da média e acima da média em cada teste aplicado. Por exemplo: se a média do grupo no teste abdominal for de 25 repetições e o desvio-padrão for cinco (25 ± 5), os resultados obtidos entre vinte e trinta repetições estão na média do grupo ou são aceitáveis; os resultados acima de trinta repetições são excelentes; e aqueles abaixo de vinte são baixos.

Anamnese

Todo programa de condicionamento físico deve sempre começar pela anamnese, um roteiro de perguntas importantes para se conhecer o aluno que começará um programa de exercícios físicos voltado à saúde. A anamnese aparece na literatura como um instrumento para a verificação do histórico de saúde do avaliado, mas, atualmente, além de identificar aspectos relacionados à saúde, pode fornecer dados do aluno referentes a outros aspectos, como, por exemplo, seu objetivo com a atividade física, seu ramo de atividade, sua disponibilidade de horário, entre outros. Basicamente, uma anamnese procura questionar os seguintes aspectos:

Dados pessoais do aluno:
- Nome;
- Data de nascimento;
- Endereço e telefone;
- Ramo de atividade (profissão).

Histórico de saúde:
- Doenças crônicas;
- Doenças recentes (últimos seis meses);
- Cirurgias;
- Medicamentos em uso;
- Restrições médicas para a prática do exercício físico;
- Dieta alimentar.

Histórico de atividade física:
- Prática esportiva regular pregressa (quais e durante quanto tempo);
- Exercícios físicos em academias e/ou clubes (quais e durante quanto tempo);
- Objetivos com a atividade física regular;
- Disponibilidade de horário para a prática de atividade física;
- Preferências de atividades físicas e/ou esportes;
- Justificativas sobre o início e término de um programa de exercícios anterior;
- Conhecimentos sobre a importância da atividade física para a saúde.

Termo de responsabilidade:

Refere-se a um texto (termo) que o aluno assina para garantir a confiabilidade das informações relatadas na anamnese. Juntamente com o termo, o aluno avaliado deve apresentar o resultado de um teste ergométrico e um eletrocardiograma com laudo médico que autorize a prática de exercícios físicos regulares, além das restrições, se elas existirem.

Exemplo de um termo de responsabilidade

Atesto, para os devidos fins, a veracidade das informações apresentadas neste questionário e apresento laudo médico que atesta condições físicas mínimas de saúde para a prática de exercícios físicos. E estou ciente dos testes físicos que serão aplicados a mim.

Assinatura:

Avaliação da composição corporal

A avaliação da composição corporal acompanha as modificações de distribuição de massa corporal que ocorrem com a prática de atividade física estruturada e com o esporte, por meio do fracionamento do peso corporal, que se divide basicamente em massa corporal gorda (MCG) e massa corporal magra (MCM).

O sedentarismo e o excesso de MCG provocam uma distribuição da composição corporal de forma desordenada, além de causarem efeitos esté-ticos indesejáveis nos indivíduos. O comportamento da MCG é diferente de acordo com o sexo. O excesso de gordura localizada em mulheres sedentárias se concentra nas regiões do quadril, da coxa e da parte inferior do abdômen. Já nos homens sedentários, a concentração de gordura corporal ocorre nas regiões do abdômen e da cintura. Apesar de a distribuição de MCG se comportar de tal forma no geral, alguns indivíduos fogem desse padrão.

Medidas corporais

As principais medidas corporais utilizadas para a avaliação da composição corporal nas condições de saúde são: o peso corporal (em quilogramas), a estatura total (em centímetros), as medidas de circunferência (em centímetros) e as medidas das dobras cutâneas (em milímetros). De posse dessas medidas, o profissional de Educação Física pode lançar mão de diferentes protocolos que procuram estimar classificações de proporcionalidade corporal e percentual de gordura de um aluno. Antes da descrição desses protocolos de fracionamento do peso corporal, é necessária a apresentação dos procedimentos de mensuração das principais medidas corporais.[37]

Peso corporal

Objetivo

Mensurar a massa corporal total.

Material

Balança mecânica ou digital com escala de precisão de 1 a 100 g.

Procedimento

O avaliado deverá estar com o mínimo de roupa possível – recomenda-se maiô de duas peças para mulheres e sunga para homens. Ele deve subir na balança e permanecer imóvel no centro dela. Se for uma balança digital, basta registrar o peso; se for uma balança mecânica, recomendam-se os seguintes procedimentos: a) calibração da balança; b) subida na balança; c) deslocamento, pelo avaliador, do cilindro maior até a dezena esperada de peso; d) destravamento da balança; e) deslocamento do cilindro menor até o ponto de equilíbrio entre os dois cilindros; f) após o registro do peso, o avaliado desce da balança e os dois cilindros retornam à estaca zero (Figura 3.1).

Resultado

Registrar o resultado em quilogramas.

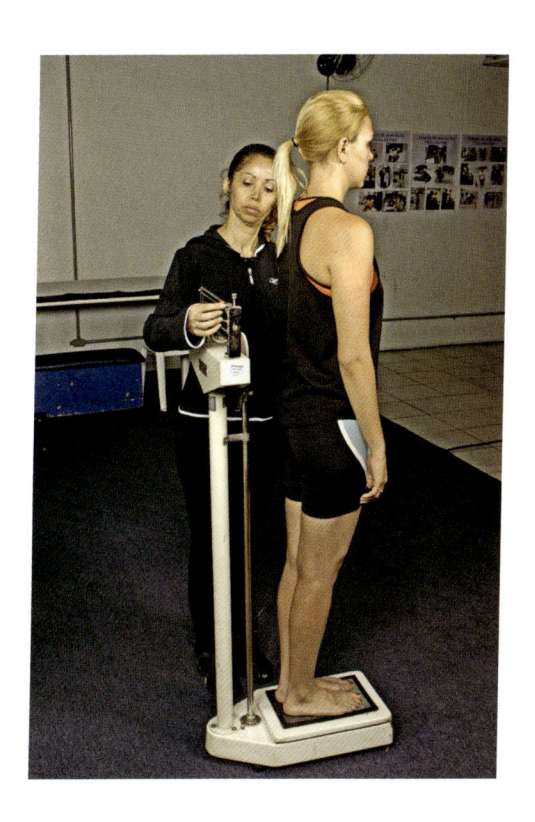

Figura 3.1 – Exemplo de avaliação da medida de peso corporal.

Estatura

Objetivo

Mensurar a altura total.

Material

Estadiômetro com escala de precisão de 0,1 cm. Não é recomendado utilizar o estadiômetro presente na maioria das balanças em razão da falta de precisão.

Procedimento

O avaliado deverá estar descalço, com os calcanhares unidos, os braços relaxados ao lado corpo, a postura ereta, posicionado de costas para a escala de medida. Antes da realização da medida, deve-se pedir ao avaliado que faça uma inspiração torácica forçada a fim de compensar o achatamento interdiscal provocado durante o dia. Daí a necessidade de as reavaliações serem realizadas no mesmo horário em que foi feita a primeira, evitando, assim, variações drásticas de estatura em indivíduos adultos (Figura 3.2).

Resultado

Registrar o resultado em centímetros.

Figura 3.2 – Exemplo de avaliação da medida de estatura corporal total.

Medidas de circunferências

Objetivo

Mensurar as circunferências corporais que podem se modificar com o treinamento físico.

Material

Trena antropométrica de 7 mm de largura e 2 m de comprimento adequada aos padrões, constituída de aço ou material flexível, com visualização clara dos milímetros e rebobinação automática.

Procedimento

Os padrões de posicionamento da trena antropométrica para mensuração dos perímetros corporais variam conforme a literatura. São propostas as medidas dos perímetros torácico, abdominal, do braço, do antebraço, do quadril, da coxa e da perna.[37,44]

Resultado

Registrar o resultado em centímetros.

Procedimentos da avaliação das medidas de circunferência corporal

Torácica

O ponto anatômico de referência para o posicionamento da trena pode ser a região mesoesternal ou o processo xifoide. A medida ainda pode ser realizada com alterações na respiração – normal, expirada ou inspirada (Figura 3.3).

Figura 3.3 – Medida torácica.

Abdominal

O ponto anatômico de referência para o posicionamento da trena é a cicatriz umbilical, colocando-se a fita em um plano horizontal (Figura 3.4).

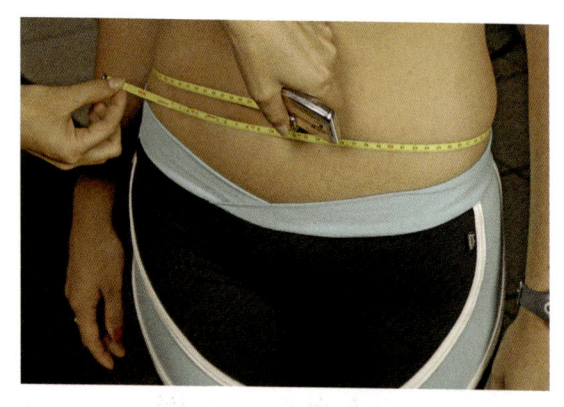

Figura 3.4 – Medida abdominal.

Braço contraído

O braço deverá estar posicionado em 90°, com contração isométrica máxima. A trena é colocada na região de maior perímetro. A medida também pode ser realizada com o braço relaxado ao lado do corpo; para tanto, deve-se posicionar a trena no ponto medial entre o acrômio e a cabeça do rádio (Figura 3.5).

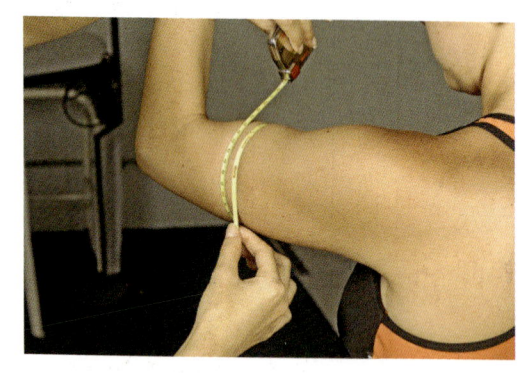

Figura 3.5 – Medida do braço.

Antebraço

Com o braço relaxado ao lado do corpo, a trena deve ser posicionada no ponto de maior perímetro (Figura 3.6).

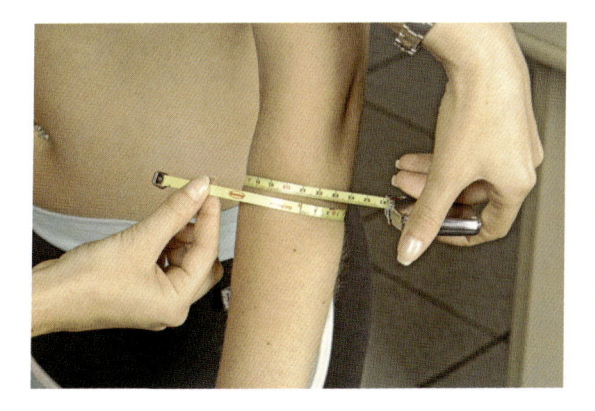

Figura 3.6 – Medida do antebraço.

Quadril

Com o peso distribuído pelos dois pés, a trena deve ser posicionada de forma horizontal na região de maior perímetro dos glúteos (Figura 3.7).

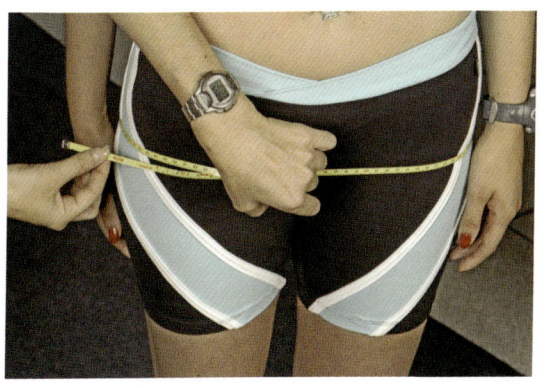

Figura 3.7 – Medida do quadril.

Coxa

Com médio afastamento lateral dos pés, a trena deve ser posicionada na região mesofemoral (Figura 3.8).

Perna

Com o peso distribuído em ambos os pés, a trena deve ser posicionada na região de maior perímetro da panturrilha (Figura 3.9).

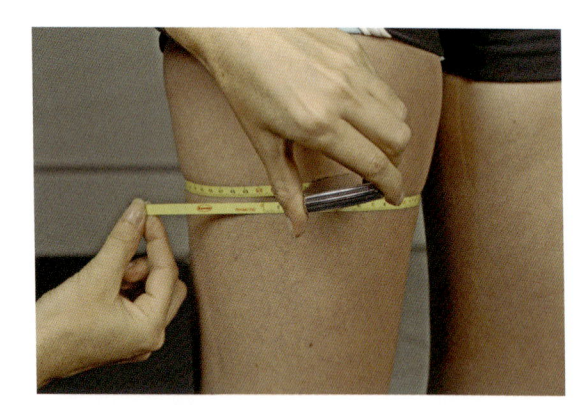

Figura 3.8 – Medida da coxa.

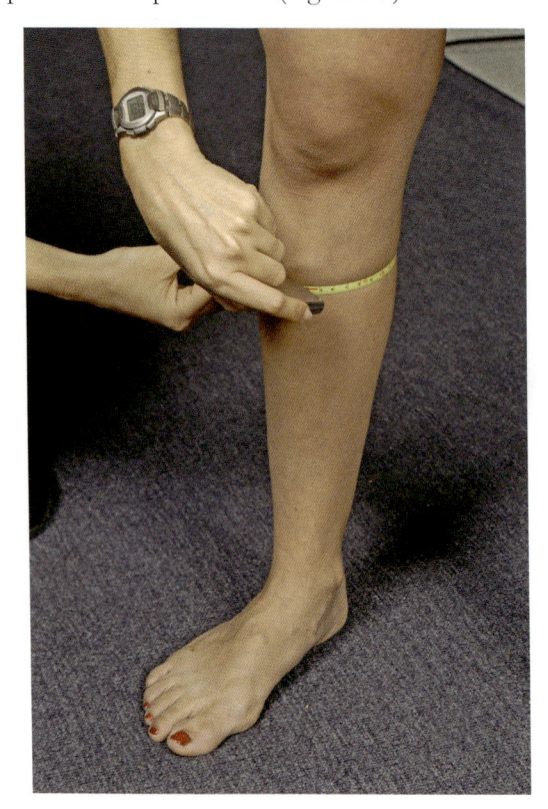

Figura 3.9 – Medida da perna.

Dobras cutâneas

Objetivo

Mensurar a quantidade de tecido adiposo ao separar o peso do tecido adiposo da massa corporal total.

Material

O principal material utilizado para essa técnica de avaliação é o compasso de dobras cutâneas, também chamado de plicômetro ou adipômetro. Existem diferentes modelos de compasso; os mais conhecidos são o Hapenden, o Lange e o Sanny (utilizado nas fotos de demonstração sobre procedimentos de avaliação das medidas de dobras cutâneas). Independentemente da marca utilizada, existe a necessidade de o equipamento passar por constante manutenção do grau de compressão, que deverá ser de 10 g/mm².

Procedimento

Os procedimentos devem ser padronizados entre todos os avaliadores de uma mesma academia, clube ou escola, evitando, dessa forma, grandes divergências com relação às medidas realizadas por diferentes avaliadores. As principais recomendações são:

- As medidas de dobras cutâneas devem ser realizadas do lado direito do corpo humano;
- A dobra do ponto selecionado deverá ser pinçada com os dedos indicador e polegar da mão direita, de forma que o tecido adiposo se desprenda do tecido muscular, enquanto o compasso deverá ser manipulado pela mão esquerda;
- O compasso deverá pinçar de forma perpendicular a dobra cutânea a 1 cm do ponto de fixação dos dedos; após, deve-se soltar lentamente a haste sobre a dobra, sem deixar de realizar o pinçar dos dedos;
- Depois de realizada a leitura no relógio da medida (em milímetros), as hastes do compasso devem ser abertas e a dobra cutânea deve ser solta; é importante ressaltar que a operação de pinçamento da dobra, fixação do compasso e leitura não deve durar mais de 4 s;

- Recomenda-se repetir toda essa operação três vezes não consecutivas para todas as dobras mensuradas, a fim de se minimizar o erro no registro.

Há nove pontos de dobras cutâneas no corpo humano que podem ser mensurados, os quais estão descritos no *box* sobre procedimentos de avaliação das medidas de dobras cutâneas.

Resultado

Registrar o resultado, em milímetros, das três medidas de cada dobra e escolher o resultado mediano.

Procedimentos de avaliação das medidas de dobras cutâneas

Triciptal

Medida realizada no sentido longitudinal, na parte posterior do braço, sobre o tríceps, no ponto medial imaginário entre os pontos distal e proximal do tríceps (Figura 3.10).

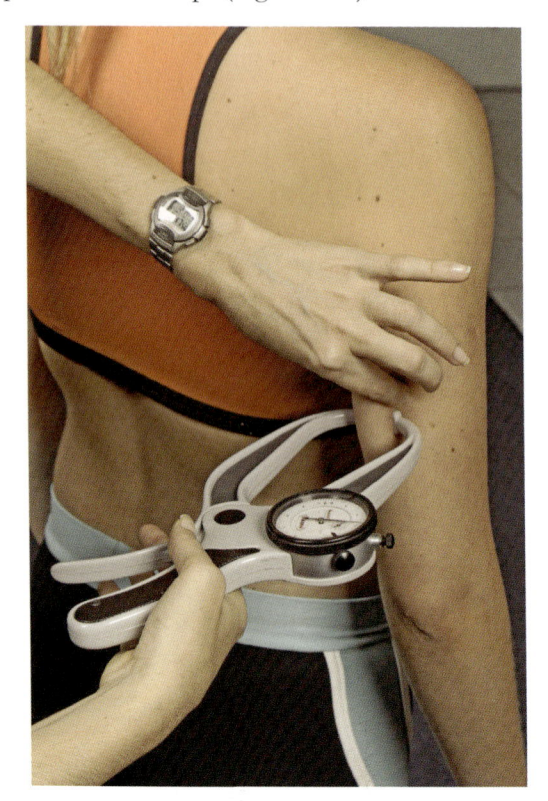

Figura 3.10 – Medida da triciptal.

Subescapular

Prega oblíqua medida abaixo do ângulo inferior da escápula (Figura 3.11).

Suprailíaca

Prega oblíqua medida em um ponto médio entre a última costela e a crista ilíaca (Figura 3.12).

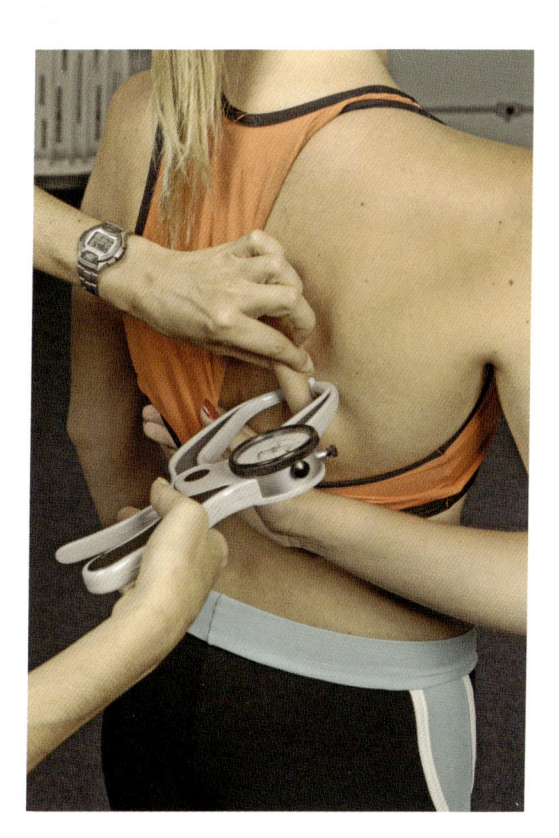

Figura 3.11 – Medida da subescapular.

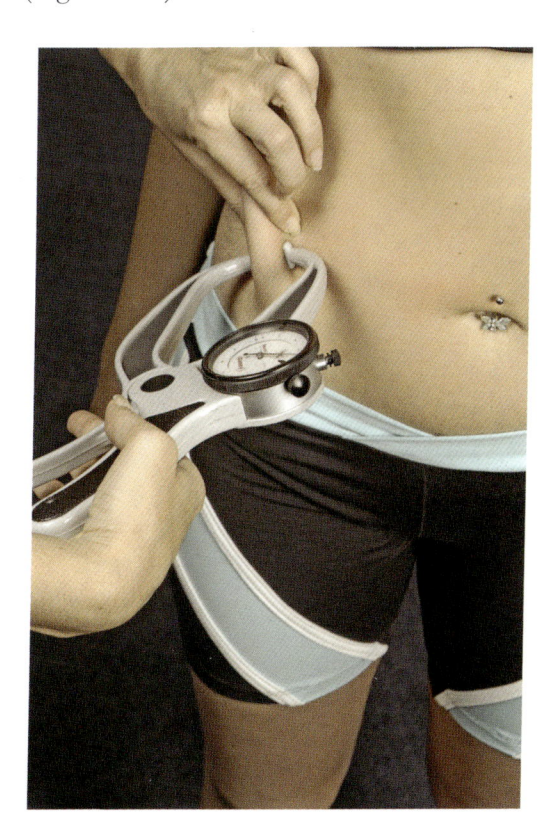

Figura 3.12 – Medida da suprailíaca.

Abdominal

Medida realizada no sentido longitudinal ou transversal, 2,5 cm à direita da cicatriz umbilical (Figura 3.13).

Coxa

Medida realizada no sentido longitudinal, no ponto medial imaginário entre a patela e o sulco inguinal, com a coxa relaxada (Figura 3.14)

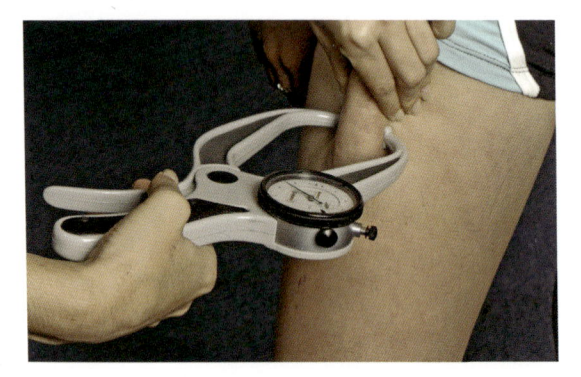

Figura 3.14 – Medida da coxa.

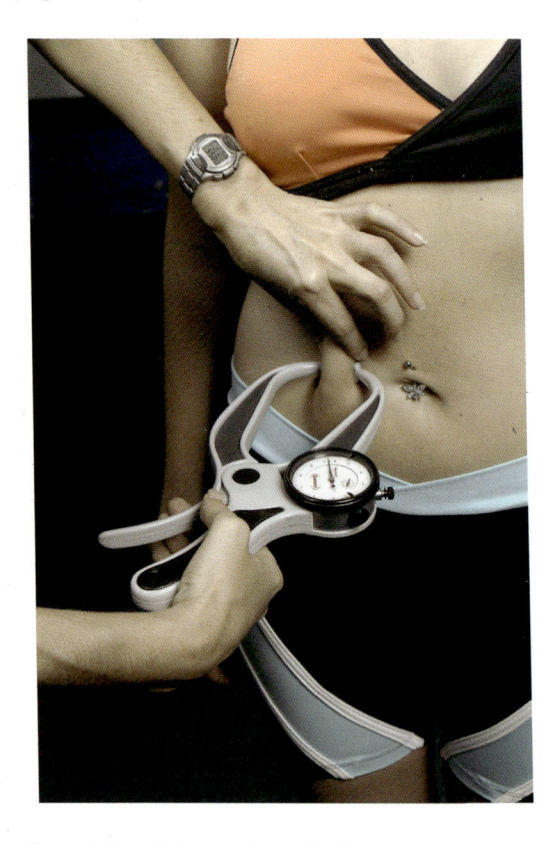

Figura 3.13 – Medida abdominal.

Peitoral

Nos homens, a prega oblíqua é medida no ponto médio entre o mamilo e a linha axilar anterior; nas mulheres, é medida a um terço da distância entre a linha axilar anterior e a mama (Figura 3.15).

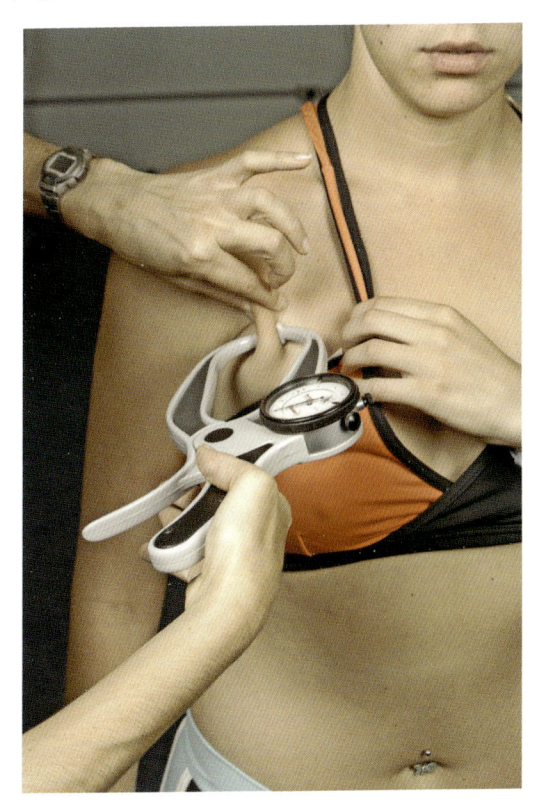

Figura 3.15 – Medida do peitoral.

Axilar média

Medida realizada no sentido longitudinal, no ponto imaginário de cruzamento entre linha axilar anterior e o processo xifoide inferior (Figura 3.16).

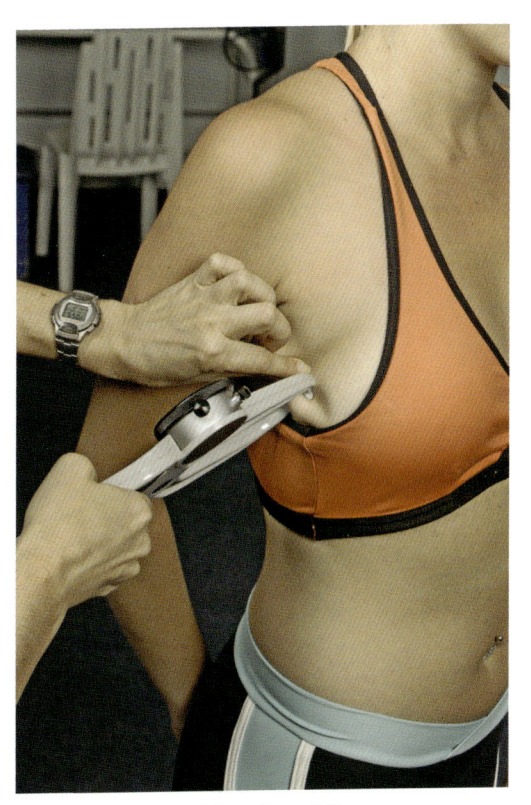

Figura 3.16 – Medida axila média.

Biciptal

Medida realizada no sentido longitudinal sobre o bíceps, no ponto médio entre o acrômio e a cabeça do rádio (Figura 3.17).

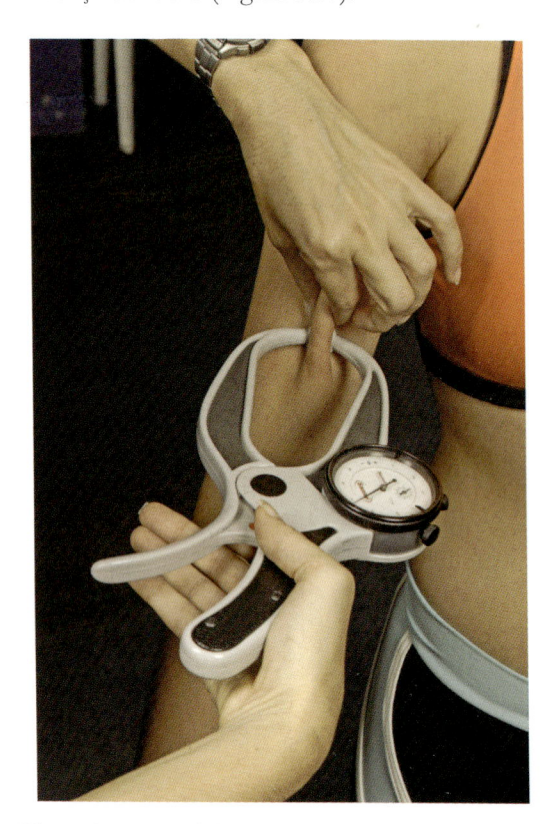

Figura 3.17 – Medida biciptal.

Perna

Medida realizada no sentido longitudinal, na parte medial de maior circunferência da perna. O avaliado deverá estar sentado com a perna em suspensão (Figura 3.18).

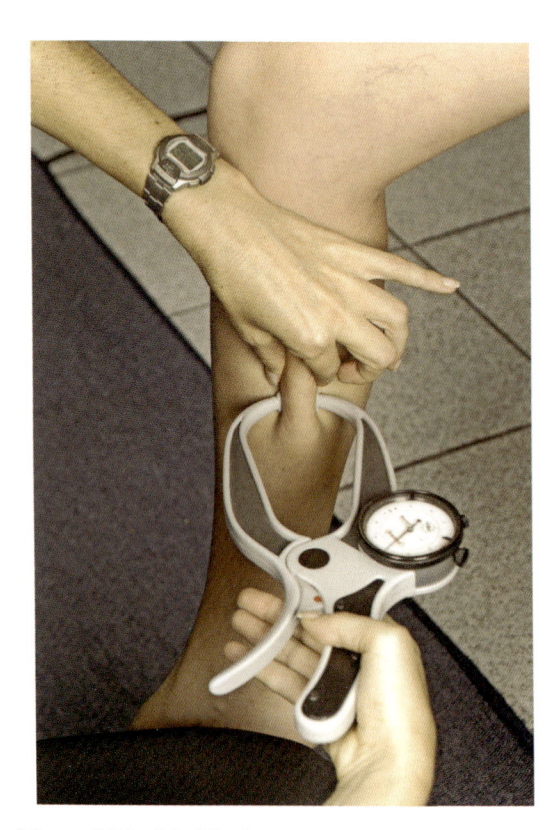

Figura 3.18 – Medida da perna.

Protocolos de avaliação da composição corporal

Para a avaliação da composição corporal, há protocolos diretos e indiretos. Protocolos diretos de avaliação podem ser mais precisos, mas se tornam inviáveis em razão do alto custo dos equipamentos utilizados. São exemplos de protocolos diretos: a avaliação ultrassônica, a avaliação radiográfica, a tomografia computadorizada e a pesagem hidrostática. Todas essas técnicas possuem procedimentos próprios altamente eficientes.

No Brasil, são pouco praticadas justamente por causa do alto custo operacional. A impedância bioelétrica é uma técnica que vem sendo muito empregada em clínicas e academias brasileiras; no entanto, apresenta problemas de validade do equipamento e de concordância entre os resultados da avaliação, decorrentes das oscilações no equilíbrio hídrico corporal.

Os protocolos indiretos para a avaliação da distribuição da massa corporal são mais acessíveis, de fácil aplicabilidade e baixo custo. Eles utilizam equações ou fórmulas que procuram predizer índices, percentuais, peso ideal, entre outros. Basicamente, os protocolos indiretos utilizam os valores das medidas de peso corporal, estatura, circunferências e dobras cutâneas. São exemplos de métodos indiretos: o índice de massa corporal (IMC), o índice cintura-quadril (ICQ), os protocolos de cálculo da composição corporal com base no percentual de gordura (protocolos de Guedes e de Jackson e Pollock) e o fracionamento do peso corporal.

Índice de massa corporal

Objetivo

O objetivo do IMC, ou índice de Quetelet, é determinar um indicador de proporcionalidade corporal por meio de duas medidas: peso e estatura. O IMC é comumente utilizado para controle de peso da população na área da saúde pública, e não deve ser utilizado na determinação da adiposidade corporal do indivíduo durante uma avaliação da aptidão física.[36]

Procedimento

Realizar as medidas de peso corporal e de estatura total descritas anteriormente. O IMC é calculado dividindo-se o peso corporal, em quilogramas, pela estatura, em metros quadrados. A classificação em normalidade e obesidade pela OMS[63] é apresentada na Tabela 3.1.

Tabela 3.1 – Classificação da OMS de sobrepeso e obesidade baseada no IMC

Classificação	Valor de IMC
Abaixo do peso	< 18,5
Peso normal	18,5–24,9
Sobrepeso	25,0–29,9
Obesidade	
Classe I	30,0–34,9
Classe II	35,0–39,9
Classe III	≥ 40,0

Resultado

$$IMC = \frac{P}{A^2}$$

Sendo que:

P – peso, em quilogramas;

A – altura, em metros.

Índice cintura-quadril

Objetivo

Estabelecer um indicador de saúde pública com base em e um índice que relaciona os va-lores de circunferência da cintura e do quadril. Tradicionalmente, a relação cintura-quadril tem sido usada como um método simples para deter-minar o padrão de gordura corporal de homens e mulheres.

Procedimento

Realizar as medidas de circunferência da cin-tura (abdominal) e do quadril tal como descrito anteriormente. O ICQ é calculado pela divisão da circunferência da cintura pela circunferência do quadril.

O padrão de distribuição da gordura cor-poral é reconhecido como um prognóstico im-portante dos riscos da obesidade para a saúde.[7] O risco para a saúde aumenta quando o ICQ é muito alto (maior do que 0,94 cm para os ho-mens e do que 0,82 cm para as mulheres). Com relação aos indivíduos idosos especificamente, os riscos à saúde aumentam quando o ICQ é superior a 1,03 cm para os homens e a 0,90 cm para as mulheres.[29,7]

Recentemente, o enfoque desviou-se da re-lação cintura-quadril para a circunferência apenas da cintura (abdominal). O Programa Nacional de Educação sobre o Colesterol (NCEP)[7] recomenda a circunferência da cintura para se avaliar a obesidade como fator de risco de cardiopatia coronariana e doenças metabólicas; os valores acima de 100 cm para homens e acima de 88 cm para mulheres indicam situações de risco.

Resultado

$$ICQ = \dfrac{C}{Q}$$

Sendo que:

CC – circunferência da cintura, em centímetros;

CQ – circunferência do quadril, em centímetros.

Protocolo de Guedes

Objetivo

Estimar o percentual de gordura corporal com base nas medidas de dobras cutâneas de homens e mulheres adultos brasileiros.

Procedimento

Este protocolo propõe equações com base nos valores de três dobras cutâneas específicas para cada um dos sexos:[24]

- Homens: triciptal, suprailíaca e abdominal;
- Mulheres: subescapular, suprailíaca e da coxa. Guedes recomenda a avaliação da dobra cutânea da coxa a uma distância de um terço da região inguinal e do bordo superior da patela.

Resultado

A predição do percentual de gordura corporal (G%) se dá pelo somatório das três dobras cutâneas (em milímetros) (Tabelas 3.2 e 3.3).

Tabela 3.2 – Predição do percentual de gordura (G%) para homens, de acordo com o protocolo de Guedes

mm	0,0	0,1	0,2	0,3	0,4	0,5	0,6	0,7	0,8	0,9
20	6,59	6,66	6,72	6,78	6,84	6,90	6,96	7,02	7,08	7,14
21	7,19	7,25	7,31	7,37	7,43	7,48	7,54	7,60	7,65	7,71
22	7,77	7,82	7,88	7,93	7,99	8,04	8,10	8,15	8,21	8,26
23	8,32	8,37	8,42	8,48	8,53	8,58	8,63	8,69	8,74	8,79
24	8,84	8,89	8,94	9,00	9,05	9,10	9,15	9,20	9,25	9,30
25	9,35	9,40	9,45	9,50	9,55	9,59	9,64	9,69	9,74	9,79
26	9,84	9,88	9,93	9,98	10,03	10,07	10,12	10,17	10,21	10,26
27	10,31	10,35	10,40	10,44	10,49	10,53	10,58	10,62	11,67	10,71
28	10,76	10,80	10,85	10,89	10,94	10,98	11,02	11,07	11,11	11,15
29	11,20	11,24	11,28	11,33	11,37	11,41	11,45	11,50	11,54	11,58
30	11,62	11,66	11,71	11,75	11,79	11,83	11,87	11,91	11,95	11,99
31	12,03	12,07	12,11	12,16	12,20	12,24	12,28	12,31	12,35	12,39
32	12,43	12,47	12,51	12,55	12,59	12,63	12,67	12,71	12,74	12,78
33	12,82	12,86	12,90	12,93	12,97	13,01	13,05	13,09	13,12	13,16
34	13,20	13,23	13,27	13,31	13,35	13,38	13,42	13,45	13,49	13,53
35	13,56	13,60	13,64	13,67	13,71	13,74	13,78	13,81	13,85	13,88
36	13,92	13,96	13,99	14,03	14,06	14,09	14,13	14,16	14,20	14,23
37	14,27	14,30	14,34	14,37	14,40	14,44	14,47	14,50	14,54	14,57
38	14,61	14,64	14,67	14,71	14,74	14,77	14,80	14,84	14,87	14,90
39	14,94	14,97	15,00	15,03	15,07	15,10	15,13	15,16	15,19	15,23
40	15,26	15,29	15,32	15,35	15,38	15,42	15,45	15,48	15,51	15,54
41	15,57	15,60	15,63	15,67	15,70	15,73	15,76	15,79	15,82	15,85
42	15,88	15,91	15,94	15,97	16,00	16,03	16,06	16,09	16,12	16,15
43	16,18	16,21	16,24	16,27	16,30	16,33	16,36	16,39	16,42	16,45
44	16,48	16,50	16,53	16,56	16,59	16,62	16,65	16,68	16,71	16,73
45	16,76	16,79	16,82	16,85	16,88	16,90	16,93	16,96	16,99	17,02
46	17,04	17,07	17,10	17,13	17,16	17,18	17,21	17,24	17,27	17,29

Continua

Avaliação física e da composição corporal

Continuação

mm	0,0	0,1	0,2	0,3	0,4	0,5	0,6	0,7	0,8	0,9
47	17,32	17,35	17,38	17,40	17,43	17,46	17,48	17,51	17,54	17,56
48	17,59	17,62	17,65	17,67	17,70	17,73	17,75	17,78	17,80	17,83
49	17,86	17,88	17,91	17,94	17,96	17,99	18,01	18,04	18,07	18,09
50	18,12	18,14	18,17	18,19	18,22	18,25	18,27	18,30	18,32	18,35
51	18,37	18,40	18,42	18,45	18,47	18,50	18,52	18,55	18,57	18,60
52	18,62	18,65	18,67	18,70	18,72	18,75	18,77	18,80	18,82	18,85
53	18,87	18,89	18,92	18,94	18,97	18,99	19,02	19,04	19,06	19,09
54	19,11	19,14	19,16	19,18	19,21	19,23	19,25	19,28	19,30	19,33
55	19,35	19,37	19,40	19,42	19,44	19,47	19,49	19,51	19,54	19,56
56	19,58	19,61	19,63	19,65	19,68	19,70	19,72	19,74	19,77	19,78
57	19,81	19,84	19,86	19,88	19,90	19,93	19,95	19,97	19,99	20,02
58	20,04	20,06	20,08	20,11	20,13	20,15	20,17	20,19	20,22	20,24
59	20,26	20,28	20,31	20,33	20,35	20,37	20,39	20,41	20,44	20,46
60	20,48	20,50	20,52	20,54	20,57	20,59	20,61	20,63	20,65	20,67
61	20,70	20,72	20,74	20,76	20,78	20,80	20,82	20,84	20,87	20,89
62	20,91	20,93	20,95	20,97	20,99	21,01	21,03	21,05	21,07	21,10
63	21,12	21,14	21,16	21,18	21,20	21,22	21,24	21,26	21,28	21,30
64	21,32	21,34	21,36	21,38	21,40	21,42	21,44	21,46	21,48	21,50
65	21,52	21,54	21,56	21,58	21,60	21,62	21,64	21,66	21,68	21,70
66	21,72	21,74	21,76	21,78	21,80	21,82	21,84	21,86	21,88	21,90
67	21,92	21,94	21,96	21,98	22,00	22,02	22,04	22,06	22,08	22,10
68	22,12	22,13	22,15	22,17	22,19	22,21	22,23	22,25	22,27	22,29
69	22,31	22,33	22,35	22,36	22,38	22,40	22,42	22,44	22,46	22,48
70	22,50	22,51	22,53	22,55	22,57	22,59	22,61	22,63	22,65	22,66
71	22,68	22,70	22,72	22,74	22,76	22,77	22,79	22,81	22,83	22,85
72	22,87	22,88	22,90	22,92	22,94	22,96	22,98	22,99	23,01	23,03
73	23,05	23,07	23,08	23,10	23,12	23,14	23,16	23,17	23,19	23,21
74	23,23	23,24	23,26	23,28	23,30	23,32	23,33	23,35	23,37	23,39
75	23,40	23,42	23,44	23,46	23,47	23,49	23,51	23,53	23,54	23,56

Tabela 3.3 – Predição do percentual de gordura (G%) para mulheres, de acordo com o protocolo de Guedes

mm	0,0	0,1	0,2	0,3	0,4	0,5	0,6	0,7	0,8	0,9
30	16,03	16,07	16,12	16,16	16,21	16,25	16,29	16,34	16,38	16,42
31	16,47	16,51	16,56	16,60	16,64	16,68	16,73	16,77	16,81	16,85
32	16,90	16,94	16,98	17,02	17,06	17,11	17,15	17,19	17,23	17,27
33	17,31	17,35	17,39	17,44	17,48	17,52	17,56	17,60	17,64	17,68
34	17,72	17,76	17,80	17,84	17,88	17,92	17,95	17,99	18,03	18,07
35	18,11	18,15	18,19	18,23	18,26	18,30	18,34	18,38	18,42	18,46
36	18,49	18,53	18,57	18,61	18,64	18,68	18,72	18,76	18,79	18,83
37	18,87	18,90	18,94	18,98	19,01	19,05	19,09	19,12	19,16	19,19
38	19,23	19,27	19,30	19,34	19,37	19,41	19,44	19,48	19,51	19,55
39	19,58	19,62	19,65	19,69	19,72	19,76	19,79	19,83	19,86	19,90
40	19,93	19,97	20,00	20,03	20,07	20,10	20,13	20,17	20,21	20,24
41	20,27	20,30	20,34	20,37	20,40	20,44	20,47	20,50	20,53	20,57
42	20,60	20,63	20,66	20,70	20,73	20,76	20,79	20,83	20,86	20,89
43	20,92	20,95	20,99	21,02	21,05	21,08	21,11	21,14	21,18	21,21
44	21,24	21,27	21,30	21,33	21,36	21,39	21,43	21,46	21,49	21,52
45	21,55	21,58	21,61	21,64	21,67	21,70	21,73	21,76	21,79	21,82
46	21,85	21,88	21,91	21,94	21,97	22,00	22,03	22,06	22,09	22,12
47	22,15	22,18	22,21	22,24	22,27	22,29	22,32	22,35	22,38	22,41
48	22,44	22,47	22,50	22,53	22,55	22,58	22,61	22,64	22,67	22,70
49	22,72	22,75	22,78	22,81	22,84	22,87	22,89	22,92	22,95	22,98
50	23,00	23,03	23,06	23,09	23,11	23,14	23,17	23,20	23,22	23,25
51	23,28	23,31	23,33	23,36	23,39	23,41	23,44	23,47	23,50	23,52
52	23,55	23,58	23,60	23,63	23,66	23,68	23,71	23,73	23,76	23,79
53	23,81	23,84	23,87	23,89	23,92	23,94	23,97	24,00	24,02	24,05
54	24,07	24,10	24,13	24,15	24,18	24,20	24,23	24,25	24,28	24,30
55	24,33	24,35	24,38	24,41	24,43	24,46	24,48	24,51	24,53	24,56
56	24,58	24,61	24,63	24,66	24,68	24,71	24,73	24,75	24,78	24,80

Continua

Continuação

mm	0,0	0,1	0,2	0,3	0,4	0,5	0,6	0,7	0,8	0,9
57	24,83	24,85	24,88	24,90	24,93	22,95	24,97	25,00	25,02	25,05
58	25,07	25,10	25,12	25,14	25,17	25,19	25,22	25,24	25,26	25,29
59	25,31	25,33	25,36	25,38	25,41	25,43	25,45	25,48	25,50	25,52
60	25,55	25,57	25,59	25,62	25,64	25,66	25,69	25,71	25,73	25,75
61	25,78	25,80	25,82	25,85	25,87	25,89	25,91	25,94	25,96	25,98
62	26,01	26,03	26,05	26,07	26,10	26,12	26,14	26,16	26,19	26,21
63	26,23	26,25	26,28	26,30	26,32	26,34	26,36	26,39	26,41	26,43
64	26,45	26,47	26,50	26,52	26,54	26,56	26,58	26,61	26,63	26,65
65	26,67	26,69	26,71	26,74	26,76	26,78	26,80	26,82	26,84	26,86
66	26,89	26,91	26,93	26,95	26,97	26,99	27,01	27,03	27,06	27,08
67	27,10	27,12	27,14	27,16	27,18	27,20	27,22	27,24	27,26	27,29
68	27,31	27,33	27,35	27,37	27,39	27,41	27,43	27,45	27,47	27,49
69	27,51	27,53	27,55	27,57	27,59	27,61	27,63	27,66	27,68	27,70
70	27,72	27,74	27,76	27,78	27,80	27,82	27,84	27,86	27,88	27,90
71	27,92	27,94	27,96	27,98	28,00	28,02	28,04	28,06	28,08	28,09
72	28,11	28,13	28,15	28,17	28,19	28,21	28,23	28,25	28,27	28,29
73	28,31	28,33	28,35	28,37	28,39	28,41	28,43	28,45	28,46	28,48
74	28,50	28,52	28,54	28,56	28,58	28,60	28,62	28,64	28,66	28,67
75	28,69	28,71	28,73	28,75	29,77	29,79	28,81	28,83	28,84	28,86
76	28,88	28,90	28,92	28,94	28,96	28,97	28,99	29,01	29,03	29,05
77	29,07	29,09	29,10	29,12	29,14	29,16	29,18	29,20	29,21	29,23
78	29,25	29,27	29,29	29,31	29,32	29,34	29,36	29,38	29,40	29,41
79	29,43	29,45	29,47	29,49	29,50	29,52	29,54	29,56	29,58	29,59
80	29,61	29,63	29,65	29,67	29,68	29,70	29,72	29,74	29,75	29,77
81	29,79	29,81	29,82	29,84	29,86	29,88	29,89	29,91	29,93	29,95
82	29,96	29,98	30,00	30,02	30,03	30,05	30,07	30,09	30,10	30,12
83	30,14	30,15	30,17	30,19	30,21	30,22	30,24	30,26	30,27	30,29
84	30,31	30,33	30,34	30,36	30,38	30,39	30,41	30,43	30,44	30,46
85	30,48	30,49	30,51	30,53	30,54	30,56	30,58	30,59	30,61	30,63

Protocolo de Jackson e Pollock[37]

Objetivo

Estimar o percentual de gordura corporal com base nas medidas de dobras cutâneas específicas para homens e mulheres jovens, adultos e idosos.

Procedimento

Os autores desenvolveram equações generalizadas para o cálculo da densidade corporal com base nas medidas de dobras cutâneas. Este protocolo foi validado para diferentes populações (de diversas faixas etárias, atletas e não atletas etc.), empregando números variados de dobras cutâneas, de acordo com a população especificada.[24]

Aqui, optamos pelas equações referentes a homens e mulheres adultos, as quais se baseiam nos valores de três dobras cutâneas específicas de cada um dos sexos:

- Homens: triciptal, tórax e subescapular;
- Mulheres: triciptal, abdominal e suprailíaca.

Resultado

O percentual de gordura corporal se dá pelo somatório das três dobras cutâneas (em milímetros) (Tabelas 3.4 e 3.5).

Tabela 3.4 – Predição do percentual de gordura (G%) para homens, de acordo com o protocolo de Jackson e Pollock

∑ DC (mm)	Menos de 22	23–27	28–32	33–37	38–42	43–47	48–52	53–57	Acima de 57
8–10	1,5	2,0	2,5	3,1	3,6	4,1	4,6	5,1	5,6
11–13	3,0	3,5	4,0	4,5	5,1	5,6	6,1	6,6	7,1
14–16	4,5	5,0	5,5	6,0	6,5	7,0	7,6	8,1	8,6
17–19	5,9	6,4	6,9	7,4	8,0	8,5	9,0	9,5	10,0
20–22	7,3	7,8	8,3	8,8	9,4	9,9	10,4	10,9	11,4
23–25	8,6	9,2	9,7	10,2	10,7	11,2	11,8	12,3	12,8
26–28	10,0	10,5	11,0	11,5	12,1	12,6	13,1	13,6	14,2
29–31	11,2	11,8	12,3	12,8	13,4	13,9	14,4	14,9	15,5
32–34	12,5	13,0	13,5	14,1	14,6	15,1	15,7	16,2	16,7
35–37	13,7	14,2	14,8	15,3	15,8	16,4	16,9	17,4	18,0
38–40	14,9	15,4	15,9	16,5	17,0	17,6	18,1	18,6	19,2
41–43	16,0	16,6	17,1	17,6	18,2	18,7	19,3	19,8	20,3
44–46	17,1	17,7	18,2	18,7	19,3	19,8	20,4	20,9	21,5
47–49	18,2	18,7	19,3	19,8	20,4	20,9	21,4	22,0	22,5
50–52	19,2	19,7	20,3	20,8	21,4	21,9	22,5	23,0	23,6
53–55	20,2	20,7	21,3	21,8	22,4	22,9	23,5	24,0	24,6
56–58	21,1	21,7	22,2	22,8	23,3	23,9	24,4	25,0	25,5
59–61	22,0	22,6	23,1	23,7	24,2	24,8	25,3	25,9	26,5
62–64	22,9	23,4	24,0	24,5	25,1	25,7	26,2	26,8	27,3
65–67	23,7	24,3	24,8	25,4	25,9	26,5	27,1	27,6	28,2
68–70	24,5	25,0	25,6	26,2	26,7	27,3	27,8	28,4	29,0
71–73	25,2	25,8	26,3	26,9	27,5	28,0	28,6	29,1	29,7
74–76	25,9	26,5	27,0	27,6	28,2	28,7	29,3	29,9	30,4
77–79	26,6	27,1	27,7	28,2	28,8	29,4	29,9	30,5	31,1
80–82	27,2	27,7	28,3	28,9	29,4	30,0	30,6	31,1	31,7
83–85	27,7	28,3	28,8	29,4	30,0	30,5	31,1	31,7	32,3
86–88	28,2	28,8	29,4	29,9	30,5	31,1	31,6	32,2	32,8

Continua

Continuação

∑ DC (mm)	Menos de 22	23–27	28–32	33–37	38–42	43–47	48–52	53–57	Acima de 57
89–91	28,7	29,3	29,8	30,4	31,0	31,5	32,1	32,7	33,3
92–94	29,1	29,7	30,3	30,8	31,4	32,0	32,6	33,1	33,4
95–97	29,5	30,1	30,2	31,2	31,8	32,4	32,9	33,5	34,1
98–100	29,8	30,4	31,0	31,6	32,1	32,7	33,3	33,9	34,4
101–103	30,1	30,7	31,3	31,8	32,4	33,0	33,6	34,1	34,7
104–106	30,4	30,9	31,5	32,1	32,7	33,2	33,8	34,4	35,0
107–109	30,6	31,1	31,7	32,3	32,9	33,4	34,0	34,6	35,2
110–112	30,7	31,3	31,9	32,4	33,0	33,6	34,2	34,7	35,3
113–115	30,8	31,4	32,0	32,5	33,1	33,7	34,3	34,9	35,4
116–118	30,9	31,5	32,0	32,6	33,2	33,8	34,3	34,9	35,5

Tabela 3.5 – Predição do percentual de gordura (G%) para mulheres, de acordo com o protocolo de Jackson e Pollock

	Idade até o último ano								
∑ DC (mm)	18–22	23–27	28–32	33–37	38–42	43–47	48–52	53–57	Acima de 57
8–12	8,8	9,0	9,2	9,4	9,5	9,7	9,9	10,1	10,3
13–17	10,8	10,9	11,1	11,3	11,5	11,7	11,8	12,0	12,2
18–22	12,6	12,8	13,0	13,2	13,4	13,5	13,7	13,9	14,1
23–27	14,5	14,6	14,8	15,0	15,2	15,4	15,6	15,7	15,9
28–32	16,2	16,4	16,6	16,8	17,0	17,1	17,3	17,5	17,7
33–37	17,9	18,1	18,3	18,5	18,7	18,9	19,0	19,2	19,4
38–42	19,6	19,8	20,0	20,2	20,3	20,5	20,7	20,9	21,1
43–47	21,2	21,4	21,6	21,8	21,9	22,1	22,3	22,5	22,7
48–52	22,8	22,9	23,1	23,3	23,5	23,7	23,8	24,0	24,2
53–57	24,2	24,4	24,6	24,8	25,0	25,2	25,3	25,5	25,7
58–62	25,7	25,9	26,0	26,2	26,4	26,6	26,8	27,0	27,1
63–67	27,1	27,2	27,4	27,6	27,8	28,0	28,2	28,3	28,5
68–72	28,4	28,6	28,7	28,9	29,1	29,3	29,5	29,7	29,8

Continua

Continuação

∑ DC (mm)	18–22	23–27	28–32	33–37	38–42	43–47	48–52	53–57	Acima de 57
73–77	29,6	29,8	30,0	30,2	30,4	30,6	30,7	30,9	31,1
78–82	30,9	31,0	31,2	31,4	31,6	31,8	31,9	32,1	32,3
83–87	32,0	32,2	32,4	32,6	32,7	32,9	33,1	33,3	33,5
88–92	33,1	33,3	33,5	33,7	33,8	34,0	34,2	34,4	34,6
93–97	34,1	34,3	34,5	34,7	34,9	35,1	35,2	35,4	35,6
98–102	35,1	35,3	35,5	35,7	35,9	36,0	36,2	36,4	36,5
103–107	36,1	36,2	36,4	36,6	36,8	37,0	37,2	37,2	37,5
108–112	36,9	37,1	37,3	37,5	37,7	37,9	38,0	38,2	38,4
113–117	37,8	37,9	38,1	38,3	39,2	39,4	39,6	39,8	39,2
118–122	38,5	38,7	38,9	39,1	39,4	39,6	39,8	40,0	40,0
123–127	39,2	39,4	39,6	39,8	40,0	40,1	40,3	40,5	40,7
128–132	39,9	40,1	40,2	40,4	40,6	40,8	41,0	41,2	41,3
133–137	40,5	40,7	40,8	41,0	41,2	41,4	41,6	41,7	41,9
138–142	41,0	41,2	41,4	41,6	41,7	41,9	42,1	42,3	42,5
143–147	41,5	41,7	41,9	42,0	42,2	42,4	42,6	42,8	43,0
148–152	41,9	42,1	42,3	42,6	42,8	42,8	43,0	43,2	43,4
153–157	42,3	42,5	42,6	42,8	43,0	43,2	43,4	43,6	43,7
158–162	42,6	42,8	43,0	43,1	43,3	43,5	43,7	43,9	44,1
163–167	42,9	43,0	43,2	43,4	43,6	43,8	44,0	44,1	44,3
168–172	43,1	43,2	43,4	43,6	43,8	44,0	44,2	44,3	44,5
173–177	43,2	43,4	43,6	43,8	43,9	44,1	44,3	44,5	44,7
178–182	43,3	43,5	43,7	43,8	44,0	44,2	44,4	44,6	44,8

Fracionamento do peso corporal

Objetivo

Dividir o peso corporal total em:
- Peso de gordura (MCG);
- Peso livre de gordura (MCM).

Procedimentos e resultados

Peso de gordura

É possível encontrar o peso de gordura empregando-se a seguinte equação:

$$PG = \frac{(\% \ G.PT)}{100}$$

Sendo que:

PG – peso de gordura (em quilogramas);

%G – percentual de gordura;

PT – peso corporal total (em quilogramas).

Peso livre de gordura (MCM)

$$MCM = PT - PG$$

Resumo

- A avaliação física consiste na seleção de testes cuja finalidade é identificar os parâmetros de aptidão física antes do início do programa de atividade física estruturada. Os testes de aptidão física para a saúde devem avaliar preferencialmente as condições de composição corporal e as capacidades motoras cardiorrespiratória, de força e de flexibilidade.

- Antes da seleção e dos procedimentos dos testes de aptidão física, é necessária a aplicação de uma anamnese, que consiste basicamente no levantamento do histórico de saúde do avaliado por meio de questionamentos sobre dados pessoais, doenças pré-existentes, lesões, cirurgias, medicamentos em uso, objetivos com a atividade física, práticas anteriores de exercícios e esportes etc.

- A composição corporal se refere à distribuição de massa corporal e ao fracionamento do peso corporal. A avaliação da composição corporal pode ser realizada por meio de técnicas diretas de mensuração – como pesagem hidrostática e tomografia computadorizada – ou por meio das medidas corporais.

- Entre as principais medidas corporais avaliadas por técnicas indiretas de avaliação da composição corporal, estão o peso corporal (balança), a estatura (estadiômetro), as medidas de circunferência (trena antropométrica) e as medidas de dobras cutâneas (adipômetro).

- Existem inúmeros protocolos de medida indireta para a avaliação da composição corporal descritos na literatura. Para a validação de um protocolo, é importante conhecer a população originalmente testada e as medidas corporais utilizadas. Neste estudo, foram descritos os procedimentos do IMC, ICQ, protocolo de Guedes e protocolo de Jackson e Pollock, este último muito citado pela literatura.

Capítulo 4

Aquecimento

Objetivo geral do aquecimento

O aquecimento corporal tem como meta a preparação gradativa de diferentes sistemas do corpo humano para uma atividade física estruturada principal (exercícios de efeito geral e/ou local).

Importância do aquecimento

Utilizamos o termo aquecimento em referência a essa fase inicial de um programa de exercícios porque se refere ao conjunto de movimentos que promovem um aumento da temperatura tecidual decorrente das reações sistêmicas em cadeia, que se alteram progressivamente antes da fase mais vigorosa do treino.

Para as atividades físicas da vida diária (não estruturadas), não realizamos um aquecimento, simplesmente começamos, sem nos darmos conta da necessidade de uma preparação. Isso é normal, pois realizamos esse tipo de atividade o tempo todo e, na maioria das vezes, os movimentos não são vigorosos, ou seja, não existem complicações decorrentes da falta de preparação. Não obstante, quantas vezes não ouvimos alguém comentar que realizou uma atividade qualquer – como correr rapidamente para dar tempo de chegar a algum lugar, subir apressadamente lances de escada ou até mesmo carregar um objeto muito pesado – e depois sentiu dores por vários dias ou teve complicações decorrentes dela?

Em geral, admite-se que um período de exercícios de aquecimento deve preceder uma sessão de atividade física estruturada; porém, a revisão da literatura revela pouca pesquisa fundada em dados a favor da eficácia do aquecimento. Ainda assim, a maioria dos profissionais de Educação Física e médicos concordaria, com base no empirismo, em que um período de aquecimento constitui uma precaução contra possíveis lesões musculoesqueléticas e contra a possível ocorrência de dores musculares decorrentes de fadiga muscular precoce por falta de preparação gradativa dos músculos solicitados,[59,62] além de aprimorar certos aspectos de desempenho durante a atividade física.[3,55]

Objetivos específicos do aquecimento

A partir das informações iniciais, podemos relacionar como objetivos do aquecimento:

- Preparar fisiologicamente o indivíduo para algum trabalho físico intenso;
- Estimular gradualmente o sistema cardiorrespiratório, produzindo um maior fluxo sanguíneo em direção aos músculos, o que resulta na elevação da temperatura muscular;
- Produzir elevação da temperatura corporal central por meio da aceleração dos processos metabólicos;
- Promover aumento da elasticidade do músculo, diminuindo a viscosidade;
- Preparar o indivíduo psicologicamente para uma atividade mais vigorosa;
- Evitar fadiga muscular precoce;
- Evitar lesões decorrentes de movimentos repentinos em quaisquer estruturas;
- Preparar gradualmente os diferentes sistemas do corpo humano.

Aquecimento e ajustes sistêmicos

Em relação às principais alterações sistêmicas que ocorrem gradativamente em uma rotina de aquecimento, podemos citar a cardiorrespiratória, a muscular e a osteoarticular.

Quando são realizados movimentos corporais contínuos, logo sentimos as primeiras reações no *sistema cardiorrespiratório*: aumento gradativo da FC (número de batimentos do coração por minuto – bpm), da frequência respiratória, do consumo de oxigênio, da oxigenação e do fluxo sanguíneo. Tudo isso ocorre porque, ao saírem de uma condição de repouso e começarem a movimentar-se, os músculos precisam de mais sangue e oxigênio; assim, aumentam, no *sistema muscular*, a irrigação e a oxigenação sanguínea, além do número de impulsos nervosos, e diminui a viscosidade, facilitando o movimento e a contração de diversos grupos musculares. Os músculos produzem movimento por meio das estruturas do *sistema osteoarticular*, as quais, quando solicitadas, produzem maior quantidade de líquido sinovial, diminuem a viscosidade natural decorrente do repouso e aumentam a lubrificação com a irrigação sanguínea, o que torna mais fáceis os diferentes movimentos articulares de flexão, extensão, rotação etc.[7,26,51,60]

Alterações sistêmicas provocadas pelo aquecimento

Sistema cardiorrespiratório

Aumento gradativo de:

- Frequência cardíaca;
- Frequência respiratória;
- Consumo de O_2;
- Fluxo sanguíneo.

Sistema muscular

Aumento gradativo de:

- Irrigação sanguínea;
- Oxigenação sanguínea;
- Impulsos nervosos;
- Temperatura dos tecidos.

Sistema osteoarticular

Aumento gradativo de:

- Lubrificação;
- Líquido sinovial;
- Irrigação sanguínea.

Duração do aquecimento

Em razão de todas essas alterações fisiológicas e musculoesqueléticas que ocorrem durante o aquecimento, e levando-se em conta que os educadores físicos não podem pôr seus alunos em risco de lesão ou de fadiga precoce, conclui-se que ele é imprescindível dentro de um programa de atividade física estruturada. Com isso em mente, surge a pergunta: quanto tempo deve durar uma rotina de aquecimento?

O tempo de duração depende da temperatura ambiente e da intensidade da atividade, podendo variar de 10 a 30 min. A temperatura ainda interfere nas particularidades individuais do praticante. Em dias quentes e para uma atividade principal pouco intensa, como uma caminhada, 8 a 10 min de aquecimento são suficientes. Já em dias frios e para uma atividade principal muito intensa, recomendam-se de 15 a 20 min. Com relação aos esportes, que, além de uma sequência de exercícios gerais, também têm aqueles específicos da modalidade, o tempo estimado é de 20 a 30 min, aproximadamente.[7,48,60]

Planejamento e organização do aquecimento para a saúde e qualidade de vida

Exercícios de aquecimento

A fase de aquecimento de uma aula de condicionamento físico pode ser organizada com base em variados exercícios, sempre partindo-se do pressuposto de que sua seleção deve seguir uma ordem harmoniosa, a qual promova os ajustes sistêmicos de forma gradativa.

O presente estudo sugere a proposta de Guiselini,[26] segundo a qual o aquecimento pode ser coreografado ou livre, organizado a partir da seleção de exercícios divididos em quatro grupos, os quais podem ser combinados conforme a preferência do professor: de isolamento, de alongamento, de estabilização e de locomoção (Quadro 4.1). Cada grupo de exercícios foi denominado especificamente de acordo com sua função.

Exercícios de isolamento

Referem-se aos movimentos que podem ser realizados pelas diferentes articulações sinoviais. Por exemplo: flexão e extensão do pescoço, flexão e extensão do tronco, elevação e depressão do ombro, rotação do ombro e do quadril etc. (Figuras 4.1 e 4.2).

Figura 4.1 – Flexão lateral do pescoço.

Figura 4.2 – Rotação do tronco.

Exercícios de alongamento

Envolvem o alongamento estático, com duração de aproximadamente 10 s, dos grandes grupos musculares (Figuras 4.3 e 4.4).

Figura 4.3 – Alongamento dos músculos paravertebrais.

Figura 4.4 – Alongamento dos músculos deltoide e dorsal.

Exercícios de estabilização

Envolvem movimentos corporais estacionários mais vigorosos com ação de vários grupos musculares. São realizados com um ponto, ao menos, de apoio no solo. Os mais utilizados são o molejo, a transferência de peso, a elevação dos joelhos (flexão do quadril), o toque dos calcanhares à frente e o pivô (Figuras 4.5, 4.6 e 4.7).

Figura 4.5 – Transferência de peso.

Figura 4.6 – Transferência de peso com variações de braços e pernas.

Figura 4.7 – Molejo corporal.

Exercícios de locomoção

Envolvem as habilidades motoras básicas, como andar, correr e saltar, além de outros exercícios coreográficos, como passo une, passo cruzado e combinações das diferentes habilidades (Figuras 4.8 e 4.9).

Figura 4.8 – Passo une.

Figura 4.9 – Passo cruzado (abre, cruza, abre e une os pés).

Quadro 4.1 – Proposta de exercícios para uma rotina de aquecimento

Isolamento	Alongamento	Estabilização	Locomoção
Movimentos articulares	Alongamento dos músculos	Movimentos estacionários	Movimentos de locomoção
Movimentos de flexão/ extensão, rotação e elevação/depressão	Alongamento dos grupos musculares (10 s cada)	Movimentos mais vigorosos e combinações	Movimentos coreográficos ou não
▪ Pescoço; ▪ Ombros; ▪ Cintura escapular; ▪ Tronco; ▪ Quadril; ▪ Joelho; ▪ Tornozelo.	▪ Deltoide; ▪ Tríceps braquial; ▪ Trapézio; ▪ Dorsais; ▪ Quadríceps; ▪ Coxa posterior; ▪ Tríceps sural; ▪ Isqueotibiais.	▪ Elevação de joelhos (flexão de quadril); ▪ Transferência de peso; ▪ Molejo; ▪ Toque à frente; ▪ Pivô.	▪ Andar (frente/trás/lateral); ▪ Saltar/saltitar; ▪ Correr (frente/trás/lateral); ▪ Passo une; ▪ Passo cruzado.

Aquecimentos geral e específico

A organização do aquecimento baseia-se no conteúdo a ser aplicado na parte principal da aula de condicionamento físico. O aquecimento pode ser formado por exercícios gerais e específicos. A parte geral do aquecimento implica exercícios corporais simples, cuja finalidade é preparar os três sistemas. Os exercícios que constituem essa parte são, basicamente, aqueles que estimulam movimentos articulares de menor amplitude e isolam separadamente as articulações sinoviais, como os alongamentos musculares, os movimentos estacionários de efeito geral e os exercícios de locomoção (Figura 4.10).

Por sua vez, o aquecimento específico, o qual deverá suceder ao geral, pode ser elaborado a partir de orientações para partes específicas, constituído por exercícios semelhantes aos que serão praticados na parte principal, mas realizados em menor amplitude e velocidade de execução (Figura 4.10).

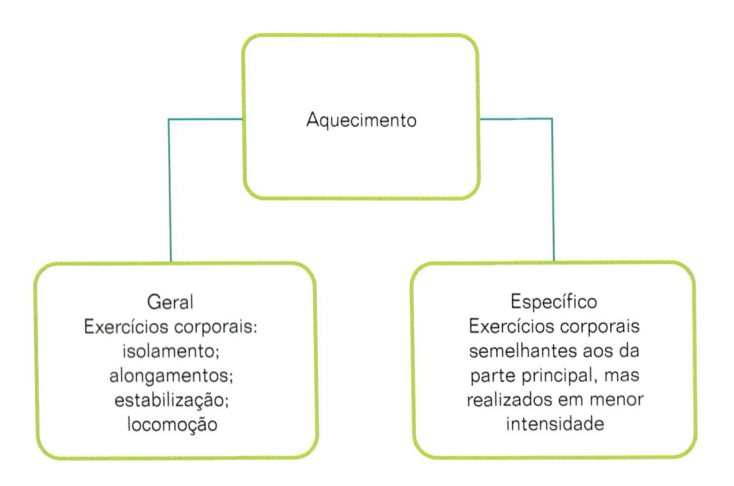

Figura 4.10 – Aquecimentos geral e específico.

Transição harmoniosa entre os exercícios do aquecimento

A organização da fase do aquecimento deve ser harmoniosa. Os exercícios não precisam seguir uma ordem específica, mas ela deve promover um aquecimento gradativo. Sugere-se que a sequência inicial de exercícios respeite os aspectos de elevação gradativa da intensidade, sendo formada por movimentos mais leves, como os de isolamento e de alongamento. Por exemplo: realizar movimentos articulares na região do pescoço (rotação/flexão/extensão) e, na sequência, fazer o alongamento dos músculos dessa região, como o esternocleidomatoideo, trapézio etc.

Após, sugere-se introduzir exercícios que envolvam um maior número de grupos musculares e que, portanto, exijam uma intensidade maior (movimentos mais vigorosos). Por exemplo: realizar movimentos de estabilização, como molejo e transferência de peso, e, na sequência, realizar habilidades de locomoção com diferentes formas de caminhar, trotar e saltar.

A transição entre os exercícios do aquecimento também deve ser organizada. Recomenda-se uma transição vertical harmoniosa, ou seja, dentro do mesmo grupo de exercícios. Para isso, pode-se optar por uma sequência cefalopodal (inicia na cabeça e vai até os pés) ou podocefálica (inicia nos pés e termina na cabeça). Por exemplo, sequência cefalopodal: alongar músculos do pescoço, dos braços, do tronco, do quadril e, por último, das pernas.

Quanto a uma transição horizontal harmoniosa, recomenda-se uma sequência coerente que mescle exercícios de diferentes grupos, mas que estimule a mesma região corporal. Por exemplo: exercícios de isolamento na região do pescoço e, na sequência, alongamento dos músculos dessa região (Figura 4.11).

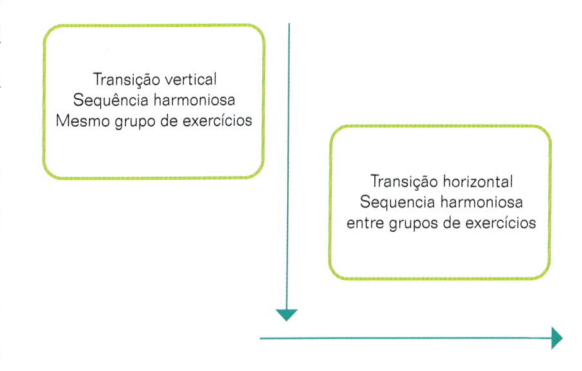

Figura 4.11 – Transição vertical e transição horizontal em uma sequência harmoniosa de rotina de aquecimento.

Resumo

- O aquecimento corporal é a fase inicial das sessões de treinamento físico estruturado e tem como objetivo principal preparar gradativamente os sistemas corporais para uma atividade mais vigorosa. A solicitação gradativa dos diferentes sistemas promove uma adaptação física e psicológica ao exercício, evitando, assim, a fadiga muscular precoce e o surgimento de lesões.

- As principais alterações sistêmicas ocorridas durante o aquecimento são: cardiorrespiratória, com aumento gradativo da FC e do consumo de oxigênio; muscular, com aumento da captação de oxigênio e, consequentemente, da irrigação sanguínea e da emissão de impulsos nervosos; e osteoarticular, com aumento da lubrificação.

- Os exercícios que constituem o aquecimento podem ser livres ou coreografados. Com relação a um ou a outro, os profissionais de Educação Física podem aplicar exercícios de baixa intensidade que promovam adaptações gradativas, como movimentos articulares de pequena amplitude (isolamento), alongamento dos grandes grupos musculares, movimentos estacionários de braços e pernas (estabilização) e exercícios de locomoção de baixa intensidade, os quais utilizam as diferentes formas do andar, do correr e alguns passos típicos de ginástica geral.

- O aquecimento também pode ser organizado levando-se em consideração o conteúdo da parte principal da sessão de treinamento. Mas, independentemente dela, o aquecimento deve necessariamente conter uma fase composta por exercícios que promovam uma solicitação geral dos principais grupos musculares, denominada aquecimento geral. Em algumas situações, pode-se lançar mão de exercícios de aquecimento semelhantes aos da parte principal, mas de menor intensidade e amplitude de movimento; esses exercícios constituem a fase denominada aquecimento específico.

- Além de selecionar os exercícios de aquecimento, é necessário organizá-los em uma sequência harmoniosa. Por exemplo: entre exercícios do mesmo grupo, a transição pode seguir uma sequência cefalopodal ou uma podocefálica.

Capítulo 5

Exercício de efeito geral

O EEG tem como principal objetivo desenvolver a resistência cardiorrespiratória, essencial para um programa de condicionamento físico voltado à saúde. Antes de apresentarmos a metodologia de prescrição do EEG, é necessário descrever os testes de avaliação da capacidade cardiorrespiratória.

Avaliação da capacidade cardiorrespiratória

Existem diferentes protocolos (testes) citados na literatura para a avaliação da capacidade cardiorrespiratória. Os protocolos de medida direta, como os testes ergoespirométricos, são testes de campo ou de laboratório que identificam o consumo máximo de oxigênio a partir da coleta de gases específicos por meio de um equipamento denominado espirômetro. Em razão do alto custo desse equipamento, os protocolos de medida direta são de difícil aplicabilidade.

Os protocolos de medida indireta são largamente utilizados tanto em academias quanto em clínicas, por causa de seu baixo custo, sua fácil aplicabilidade e sua boa validade. São considerados indiretos porque utilizam equações que procuram estimar o VO_2máx a partir de diferentes variáveis, como a carga, a FC, o tempo etc.

Os protocolos descritos neste capítulo podem ser utilizados em programas de prescrição para a saúde e possuem boa validade. Demonstramos os procedimentos de dois testes ergométricos que permitem a prescrição do exercício a partir do seu resultado: o protocolo de Balke para bicicleta ergométrica e o protocolo de Ellestad para esteira rolante. Após, são descritos dois protocolos de campo: o teste de Cooper de 12 minutos e o de caminhada de 1.600 m, muito utilizados no acompanhamento da evolução da capacidade cardiorrespiratória.

Protocolo de Balke[37] para bicicleta ergométrica

Objetivo

Avaliar a capacidade cardiorrespiratória máxima em adultos de ambos os sexos.

Material

Bicicleta ergométrica calibrada, de preferência mecânica, já que as eletrônicas apresentam divergência em relação ao aumento de carga (watts) de uma bicicleta para outra.

Procedimento

Para a aplicação da fórmula que estima o VO_2máx, é necessário identificar o peso corporal (em quilogramas). Esse teste escalonado emprega estágios de aumento da carga (peso) a cada 2 min. Para iniciar o teste, o peso inicial recomendado equivale a 25 W (0,5 kg) para indivíduos sedentários e a 50 watts (1,0 kg) para indivíduos condicionados. A cada 2 min, eleva-se a carga (25 ou 50 W) até a exaustão. Ainda que a FC e a pressão arterial (PA) do avaliado não sejam usadas na fórmula deste protocolo, é interessante, por medidas de segurança, registrá-las antes do início do teste, antes de cada mudança de estágio (carga), ao término do teste e após um período de recuperação de 2 min. Com o registro da FC (antes/durante/após), pode-se estabelecer também a FCmáx e o limiar anaeróbico do avaliado, dados importantes para a prescrição do EEG. A Figura 5.1 sugere uma ficha de registro.

Ficha de registro*				
Avaliado:			Peso:	Estatura:
Tempo	FC 1° min	FC 2° min	Peso/watt	Pressão arterial
2 min				
2 min				
2 min				
2 min				
2 min				

* Imprima a Ficha de registro no site www.institutophorte.com.br/livros.

Figura 5.1 – Ficha de registro.

Resultado

Expressa o VO_2máx ($m\ell.kg^{-1}.min^{-1}$) a partir da seguinte equação:

$$VO_2\,máx = \frac{200+(12.w)}{P}$$

Em que:

W – watt final;

P – peso (em quilogramas).

Protocolo de Ellestad[37] para esteira rolante

Objetivo

Avaliar a capacidade cardiorrespiratória de adultos e idosos de ambos os sexos, treinados ou sedentários.

Material

Esteira rolante com inclinação eletrônica de 22% ou mais e que atinja velocidade superior a 6,0 mph (milha por hora).

Procedimento

Este teste escalonado emprega aumento de velocidade a cada estágio de 2 ou 3 min. Por não exigir uma inclinação elevada (10% e 15%), é o protocolo mais utilizado na avaliação da capacidade cardiorrespiratória de pessoas saudáveis. A cada estágio, eleva-se a velocidade; no quinto estágio, eleva-se também a inclinação (de 10% para 15%) (Tabela 5.1). Ainda que a FC e a PA do avaliado não sejam usadas na fórmula deste protocolo, é interessante, por medidas de segurança, registrá-las antes do início do teste, antes de cada mudança de estágio (carga), ao término do teste e após um período de recuperação de 2 min. Com o registro da FC (antes/durante/após), pode-se estabelecer também a FCmáx e o limiar anaeróbico do avaliado, dados estes importantes para a prescrição do EEG (Figura 5.2).

Figura 5.1 – Teste ergométrico em esteira rolante.

Tabela 5.1 – Orientações para a aplicação do protocolo de Ellestad

Estágio	Duração	Velocidade		Inclinação %	VO$_2$máx (ml.kg^{-1}.min^{-1})
		mph	km		
1	3	1,7	3,0	10	16,65
2	2	3,0	4,8	10	24,12
3	2	4,0	6,4	10	31,99
4	2	5,0	8,0	10	39,85
5	3	5,0	8,0	15	51,65
6	2	6,0	9,6	15	59,52
7	2	7,0	11,2	15	67,38
8	2	8,0	12,8	15	75,25

Resultado

Registrar o tempo total (em minutos) da realização do teste. Para identificar o VO$_2$máx (ml.kg^{-1}.min^{-1}), emprega-se a seguinte equação:

$$VO_2\,\text{máx} = 4,46 + (3,933.T)$$

Em que:

T – tempo total do teste em minutos.

Teste de Cooper[37] de 12 minutos

Objetivo

Avaliar a capacidade cardiorrespiratória de indivíduos adolescentes e adultos de ambos os sexos, atletas ou não. Recomenda-se aplicar o teste a indivíduos adaptados à corrida, já que é um teste máximo.

Materiais

Local (pista, por exemplo) demarcado de 10 em 10 m e cronômetro.

Procedimento

O avaliado deverá correr de forma ininterrupta durante 12 min. Se, em dado momento, não conseguir correr, será permitido caminhar, mas, como é um teste máximo, recomenda-se que mantenha uma velocidade constante durante todo o tempo, correndo a maior distância possível. Depois, registra-se a distância total percorrida.

Resultado

A partir da distância total percorrida (em metros), Cooper[37] propôs uma fórmula que estima o VO_2máx ($m\ell.kg^{-1}.min^{-1}$):

$$VO_2\,máx = \frac{D\text{-}504}{45}$$

Em que:
D – distância (em metros).

Teste de caminhada de 1.600 m

Objetivo

Avaliar a capacidade cardiorrespiratória de indivíduos sedentários ou idosos.

Material

Local (pista, rua ou parque) com terreno plano e distância demarcada de 1.600 m.

Procedimento

Antes do início do teste, algumas variáveis devem ser anotadas:

- P – peso (em quilogramas) multiplicado por 2,205;
- I – idade (em anos);
- S – 1 para homem e 0 para mulher;
- TI – tempo da caminhada (em minutos).
- FC – frequência cardíaca (em bpm).

O avaliado deverá percorrer a distância de 1.600 m caminhando o mais rapidamente possível. Ao término do teste, registra-se a FC (bpm).

Resultado

Registra-se o tempo (em minutos) da duração do teste e a FC assim que o avaliado termina o percurso. Depois, aplica-se a seguinte fórmula:

$$VO_2máx = 6,952 + (0,0091 \times P) - (0,0257 \times I) + (0,5955 \times S) - (0,2240) - (0,0115 \times FC)$$

O resultado do VO_2máx relativo é expresso em $\ell.min^{-1}$, mas pode ser transformado em $m\ell.kg^{-1}.min^{-1}$ – forma absoluta e mais utilizada para resultados de VO_2máx –, bastando multiplicar o resultado por 1.000 e dividir pelo peso (em quilogramas) do avaliado.

Exercício de efeito geral voltado à saúde e qualidade de vida

Objetivo do exercício de efeito geral

O EEG mobiliza diferentes grupos musculares simultaneamente. Seu objetivo para a saúde é desenvolver a resistência muscular geral aeróbica, ou resistência cardiorrespiratória (popularmente conhecida como resistência aeróbica).

Conceito de resistência cardiorrespiratória

A resistência cardiorrespiratória pode ser definida como a capacidade de realizar um exercício por longa duração (mais de 3 min) com quantidade suficiente de oxigênio e menor condição de fadiga.[11]

Doenças associadas à baixa resistência cardiorrespiratória

A prática da atividade física regular, por sua importância na prevenção de doenças e morte prematura e na manutenção de uma alta qualidade de vida, tornou-se objetivo nacional de saúde nos países de primeiro mundo. A inatividade é um sério problema de saúde pública na atualidade e está relacionada ao surgimento das doenças hipocinéticas.

As pessoas podem obter benefícios à saúde exercitando-se o suficiente para gastar 150 kcal por dia, ou 1.000 kcal por semana. Isso seria suficiente para diminuir o risco de cardiopatia coronariana em 50% e o risco de hipertensão, diabetes e câncer em 30%. O ACSM[7] recomenda 30 min ou mais de atividade física de intensidade moderada, preferencialmente todos os dias da semana.

Doença cardiovascular

É a principal causa de morte em muitos países do mundo, especialmente nos economicamente desenvolvidos, em razão, entre outras, das facilidades tecnológicas. Aproximadamente 50% das mortes de pessoas com mais de 65 anos estão associadas a algum distúrbio cardiovascular.[7,30] As principais doenças cardiovasculares são a cardiopatia coronariana, a aterosclerose, a angina de peito e o infarto do miocárdio.

Cardiopatia coronariana

É causada pela falta de suprimento de sangue para o músculo cardíaco (isquemia miocardial), resultante de um distúrbio degenerativo e progressivo conhecido como aterosclerose.

Aterosclerose

Envolve a formação e o depósito de gordura e de placas fibrosas na camada íntima (revestimento interior) das artérias coronárias. Essas placas restringem o fluxo sanguíneo em direção ao miocárdio e podem provocar a angina de peito.

Angina de peito

Consiste em uma sensação temporária de aperto e forte pressão na região do peito e do ombro.

Infarto do miocárdio

Conhecido como ataque cardíaco, pode ocorrer se um coágulo sanguíneo, ou trombo, obstrui o fluxo de sangue coronário. Neste caso, geralmente, o fluxo sanguíneo através das artérias coronárias é reduzido em mais de 80%. A parte do miocárdio suprida pela artéria obstruída morre e, posteriormente, é substituída por tecido cicatricial.[7,30]

Hipertensão arterial

Consiste na elevação crônica e persistente da PA. Estudos indicaram que existe uma relação inversa entre a PA e o nível de atividade física em mulheres e homens. O EEG bem controlado diminui a PA em indivíduos com hipertensão leve a moderada.[17,27]

Sobrepeso e obesidade

Doenças associadas ao excesso de peso ou gordura corporal representam uma ameaça à saúde, qualidade e expectativa de vida. A obesidade está constantemente associada a outras doenças, como hipercolesterolemia (aumento do colesterol), hipertensão, diabetes mellitus, certos tipos de câncer e osteoartrite. Os fatores que causam a obesidade podem ser genéticos e/ou ambientais. Estudos sugerem que fatores genéticos contribuem para algumas das variações de gordura corporal; no entanto, não ocorreu nenhuma alteração substancial no genótipo da população ao longo dos últimos trinta anos. Assim, as principais causas da obesidade estão associadas aos aspectos ambientais, como inatividade, alimentação e estresse.[31]

Benefícios do exercício de efeito geral[7]

- Aumento da resistência cardiorrespiratória em decorrência da maior captação máxima de oxigênio, ocorrida, por sua vez, por conta de adaptações tanto centrais quanto periféricas;
- Ventilação pulmonar muito mais baixa para qualquer intensidade submáxima;
- Menor custo de oxigênio ao miocárdio para uma determinada intensidade submáxima;
- Hipertrofia cardíaca e vascular;
- Maior densidade capilar no músculo esquelético;
- FC e PA mais baixas para determinada intensidade submáxima;

- Limiar do exercício mais alto para o acúmulo de lactato no sangue;
- Pressões sistólica e diastólica reduzidas durante o repouso;
- Maiores níveis séricos de colesterol lipoproteico de alta densidade e menores níveis séricos de triglicerídios;
- Gordura corporal total reduzida;
- Gordura intra-abdominal reduzida;
- Melhora da aparência e da autoestima;
- Prevenção de doenças hipocinéticas: obesidade, cardiopatias, hipertensão arterial e diabetes tipo 2.

Modalidades de exercício de efeito geral

As principais modalidades de EEG voltado à saúde ou ao desenvolvimento da capacidade de resistência cardiorrespiratória podem ser divididas em dois grupos: cíclicas e acíclicas.

As modalidades cíclicas são aquelas nas quais o padrão de movimento se repete. Por exemplo: a caminhada, a corrida, a natação e o ciclismo, além daquelas praticadas em equipamentos ergométricos (bicicleta, esteira e *transport*). Por envolverem uma repetição dos mesmos movimentos, possuem uma menor complexidade motora e, dessa forma, são as mais recomendadas para os alunos iniciantes.

As modalidades acíclicas são aquelas nas quais o padrão de movimento não se repete, ou seja, ele é variado. São normalmente desenvolvidas em sistemas de aula coreografada, como o *step*, o *bodycombat*, o *aerodance*, as danças, a hidroginástica etc., ensinadas por um professor. Possuem uma maior complexidade motora, uma vez que envolvem movimentos distintos de braços e pernas com deslocamentos corporais.

Modalidades de exercício de efeito geral

Modalidades cíclicas

- O padrão de movimento é repetitivo;
- Exemplos: andar, correr, pedalar, nadar e exercícios ergométricos.

Modalidades acíclicas

- O padrão de movimento é variado;
- Exemplos: *step*, hidroginástica, *bodycombat*, *aerodance* e danças em geral.

Exercício de efeito geral e VO$_2$máx

Basicamente, o transporte de oxigênio através de todo o corpo envolve a função coordenada de quatro componentes: o coração, os pulmões, os vasos sanguíneos e o sangue. O aprimoramento da resistência cardiorrespiratória ocorre em virtude da maior capacidade de cada um desses quatro elementos de proporcionar o oxigênio necessário para os tecidos ativos. A velocidade da captação de oxigênio (pulmões), seu transporte pelo sistema vascular (coração) e sua utilização durante um exercício (vasos sanguíneos e sangue), dentro de uma unidade de tempo, é denominada capacidade aeróbica máxima (VO$_2$máx).[22] A realização de qualquer atividade requer certa velocidade de consumo de oxigênio, que, além de depender da capacidade de cada indivíduo, depende também do nível de condicionamento. Em geral, quanto maior for essa velocidade, ou a intensidade da realização de uma atividade, maior será o consumo de oxigênio. A capacidade do indivíduo de realizar uma atividade (ou de sofrer fadiga) está relacionada intimamente à quantidade de oxigênio necessária para essa atividade e é limitada pela velocidade máxima de consumo de oxigênio. Quanto maior for o percentual de consumo de oxigênio necessário durante uma atividade, menor será o período de tempo durante o qual essa atividade poderá ser realizada. Portanto, a capacidade cardiorrespiratória depende de uma predisposição física de cada pessoa.

A velocidade máxima em que o oxigênio pode ser utilizado é uma característica determinada geneticamente. A pessoa herda certa gama de capacidade aeróbica máxima e, quanto mais ativa for, melhor será sua classificação de VO$_2$máx para as condições em que é avaliada, seja para a saúde ou para situações de rendimento. A capacidade aeróbica máxima

considerada normal para a maioria dos atletas está entre 45 e 60 mℓ.kg^{-1}.min^{-1}.[13] Um maratonista de nível internacional, por sua vez, pode ter uma capacidade aeróbica máxima de 70 a 80 mℓ.kl^{-1}.min^{-1}.

Três fatores determinam a velocidade máxima em que o oxigênio pode ser usado: a respiração externa, que envolve o processo ventilatório, ou função pulmonar; o transporte dos gases, que é realizado pelo sistema cardiovascular; e a respiração interna, que envolve o uso do oxigênio pelas células para produção de energia. Desses três fatores, o mais limitante é, em geral, a capacidade de transportar oxigênio através do sistema. Podemos dizer, portanto, que o sistema cardiovascular limita a velocidade global de consumo de oxigênio. Uma alta capacidade aeróbica máxima, levando-se em conta o perfil hereditário de um indivíduo, indica que todos os três sistemas estão trabalhando adequadamente.

Conceito de VO$_2$máx

De acordo com o que vimos até aqui, podemos definir VO$_2$máx como a capacidade do indivíduo de captar o ar alveolar dos pulmões, transportá-lo pelo sistema vascular e utilizá-lo pelos músculos dentro de uma unidade de tempo.[37]

Exercício de efeito geral e sistema cardiorrespiratório

O coração é o principal mecanismo bombeador, fazendo o sangue oxigenado circular através de todo o corpo até os tecidos ativos. Quando o corpo começa a se exercitar, os músculos passam a utilizar oxigênio em uma velocidade muito maior, de modo que o coração tem de bombear mais sangue oxigenado para atender a essa maior demanda. O coração se adapta a essa maior demanda por meio de vários mecanismos, como o aumento da FC e do volume de sangue bombeado a cada batimento.

Frequência cardíaca

Sofre uma adaptação gradual a uma maior carga de trabalho, aumentando proporcionalmente à intensidade do exercício e alcançando um platô após cerca de 2 ou 3 min (Gráfico 5.1).

Gráfico 5.1 – Tempo para a FC alcançar um estado de equilíbrio com uma determinada carga de trabalho

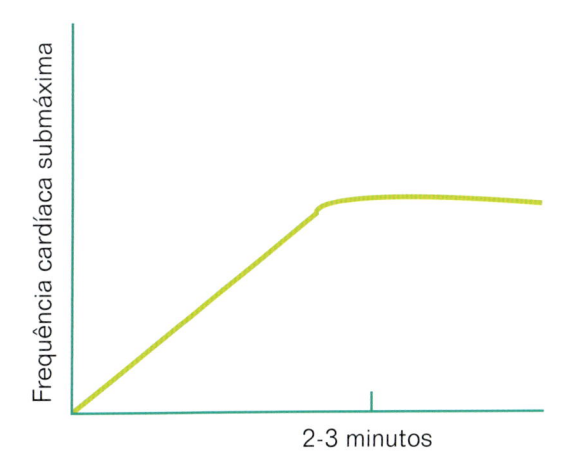

A monitorização da FC constitui um método indireto para estimar o consumo de oxigênio. A FC e o consumo de oxigênio exibem uma relação linear (equilíbrio entre captação de oxigênio dos pulmões e utilização desse oxigênio pelos músculos) quando em intensidades muito baixas. Em altas intensidades, essa relação deixa de ser linear (Gráfico 5.2).[39]

Gráfico 5.2 – Comportamento da FCmáx e alcance aproximado da capacidade aeróbica máxima

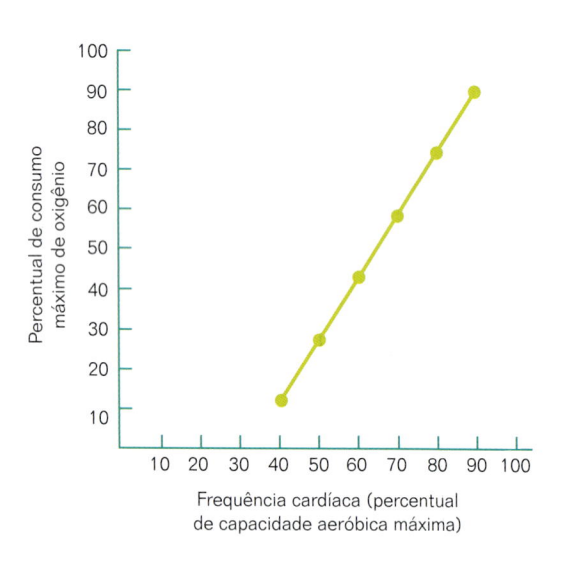

Frequência cardíaca (percentual de capacidade aeróbica máxima)

Durante as atividades de intensidade mais alta, a frequência cardíaca máxima pode ser obtida antes do consumo máximo de oxigênio, que continuará aumentando.[39] Quanto maior for a intensidade do exercício, mais alta será a FC. Por conta dessas relações, torna-se evidente que a velocidade de consumo do oxigênio pode ser estimada pela determinação da FC.[13]

Aumento do volume de ejeção

Um segundo mecanismo de adaptação do coração às maiores demandas durante o exercício consiste no aumento do volume de ejeção, que é o volume de sangue bombeado a cada batimento cardíaco (o coração bombeia aproximadamente 70 mℓ de sangue por batimento).[13] O volume de ejeção atinge o limite no ponto em que simplesmente deixa de existir um período de tempo suficiente para que ocorra o enchimento do coração entre os batimentos. Isso se dá a aproximadamente 40% da FCmáx; acima desse nível, os aumentos no volume de sangue bombeado por unidade de tempo serão causados exclusivamente por aumentos na FC (Gráfico 5.3).[39]

Gráfico 5.3 – Volume de ejeção x FC: alcance do platô

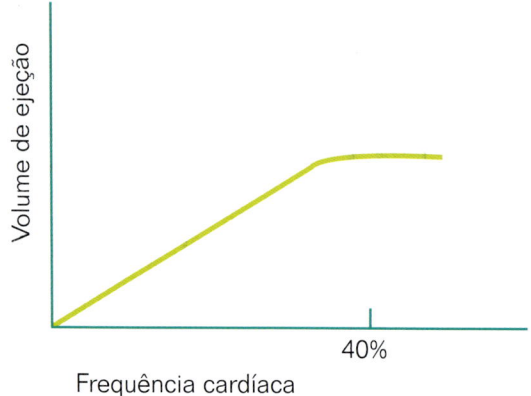

Frequência cardíaca

Juntos, o volume de ejeção e a FC determinam o volume de sangue bombeado pelo coração dentro de determinada unidade de tempo. Ao volume de sangue que o coração é capaz de bombear *em 1 min* denomina-se débito cardíaco, que é o determinante primário da velocidade máxima de consumo de oxigênio (Gráfico 5.4). Durante o exercício, o débito cardíaco de um indivíduo médio se torna aproximadamente quatro vezes maior do que o observado durante o repouso; já em relação a um atleta de resistência de elite, torna-se até seis vezes maior.

Gráfico 5.4 – Débito cardíaco x capacidade aeróbica: o débito cardíaco limita a capacidade aeróbica máxima

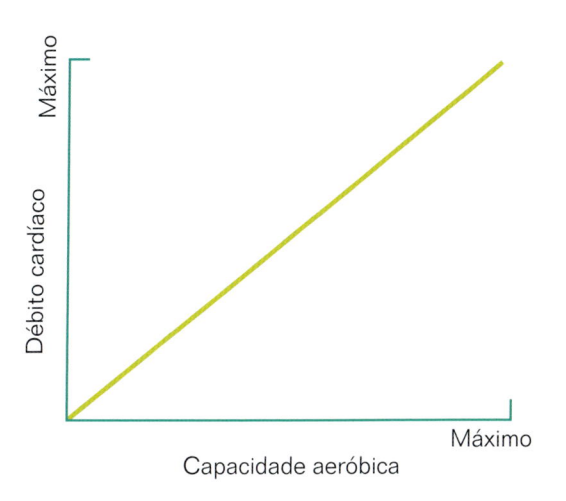

Um efeito do treinamento sobre o débito cardíaco do coração é o aumento do volume de ejeção, enquanto a FC de exercício é reduzida. Sendo capaz de bombear mais sangue a cada ejeção, o coração se torna mais eficiente. Por ser um músculo, sofrerá certo grau de hipertrofia, a qual provoca um efeito benéfico no sistema cardiorrespiratório, que consegue ejetar ou enviar um volume maior de sangue para o sistema vascular a uma FC reduzida, ou seja, com menor esforço.

Exercício de efeito geral e capacidade de trabalho

A resistência cardiorrespiratória desempenha um papel essencial na capacidade do indivíduo de resistir à fadiga, a qual está relacionada intimamente com o percentual de capacidade aeróbica máxima exigido por determinada carga de trabalho.[47]

O Gráfico 5.5 mostra dois indivíduos, A e B; o indivíduo A possui uma capacidade aeróbica máxima de 50 mℓ/kg/min, enquanto o atleta B possui uma capacidade aeróbica máxima de apenas 40 mℓ/kg/min. Se tanto A quanto B se exercitarem na mesma intensidade, A estará trabalhando a um percentual muito inferior à capacidade aeróbica máxima, diferentemente de B. Consequentemente, A será capaz de suportar a atividade por um período de tempo muito mais longo.

O desempenho no exercício pode ser afetado se houver redução da capacidade de utilizar o oxigênio de maneira eficiente. Assim sendo, o aprimoramento da resistência cardiorrespiratória deve ser componente essencial de qualquer programa de condicionamento físico voltado à saúde.

Gráfico 5.5 – Percentual de capacidade aeróbica máxima x duração do trabalho nos indivíduos A e B

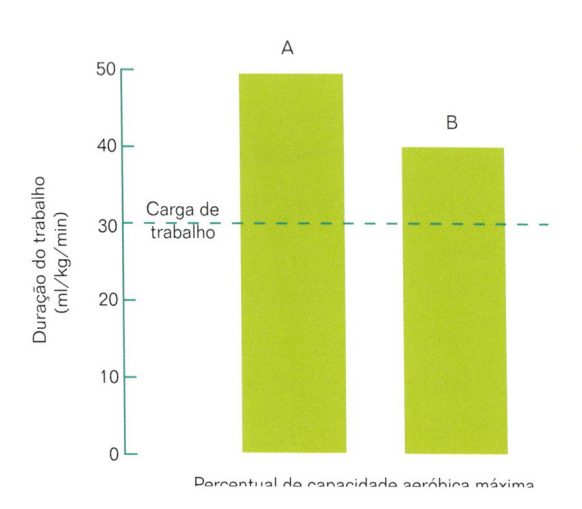

Prescrição do exercício de efeito geral voltado à saúde e qualidade de vida

Volume de treinamento do exercício de efeito geral voltado à saúde

O volume de treinamento de determinado exercício se refere à quantidade de treino realizada em um período de tempo e é dado pelas variáveis de frequência semanal e duração do exercício.

Frequência semanal

Para o desenvolvimento ótimo da resistência cardiorrespiratória, recomenda-se que o aluno realize pelo menos três sessões de treino por semana. Alguns estudos mostram que duas sessões semanais em dias não consecutivos também podem trazer benefícios, promovendo significativo aumento da resistência cardiorrespiratória, mas em escala menor.[7,30]

O desenvolvimento de forma saudável requer que se respeitem as fases de recuperação.

Para isso, recomenda-se o afastamento da atividade por um ou dois dias na semana, o que proporciona repouso tanto psicológico quanto fisiológico. Um atleta de competição deve estar preparado para treinar até seis vezes por semana, mas precisa de um dia de folga ao menos.

Os períodos de recuperação também são importantes para a reposição dos substratos energéticos consumidos durante a atividade física. Se respeitados os períodos, os substratos são repostos em uma condição superior, ou de supercompensação, permitindo que o programa de EEG, depois de um período mínimo de adaptação, sofra aumentos tanto em relação ao volume (quantidade) quanto à intensidade (qualidade) de treinamento.[39]

Duração

Estudos recentes sugerem que períodos curtos de 12 a 15 min podem ser suficientes para aumentar significativamente a capacidade cardiorrespiratória. Para o desenvolvimento de forma saudável da resistência cardiorrespiratória, a duração mínima do EEG deverá ser de 20 min (atividade contínua), com um nível de FC dentro da zona aeróbica do aluno, identificada pelo teste ergométrico.

Em geral, quanto maior for a duração do exercício, maior será o aprimoramento da resistência cardiorrespiratória e maior também será o dispêndio de energia ou gasto calórico. Considerando-se a necessidade de um programa de condicionamento físico de estimular as três capacidades motoras específicas para a saúde – resistência cardiorrespiratória, força de resistência e flexibilidade –, de forma que será subdividido em quatro fases – aquecimento, EEG, EEL e esfriamento –, se o indivíduo tem uma hora por dia de disponibilidade, a duração do EEG recomendada é de 20 a 30 min.

Intensidade do exercício de efeito geral voltado à saúde

A intensidade do EEG é determinada a partir da velocidade de execução do exercício. Por exemplo: quanto mais rápido um indivíduo correr, maior será a intensidade do exercício realizado. A intensidade é particularmente importante nos primeiros estágios do condicionamento físico, quando o organismo é forçado a fazer inúmeros ajustes a fim de corresponder às maiores demandas impostas pela carga de trabalho.

Como a FC está relacionada linearmente à intensidade do exercício e à velocidade do consumo de oxigênio, é um processo relativamente simples identificar a velocidade (ritmo) específica que fará a FC alcançar um platô no nível ideal para cada indivíduo. Pela monitorização da FC, saberemos se o ritmo é muito intenso, solicitando, dessa forma, demasiadamente o metabolismo anaeróbico, ou muito leve, com o intuito de induzir a FC a entrar no que chamamos de zona pessoal de treinamento aeróbico (ZPT).

A ZPT corresponde a uma faixa de FC ideal para o desenvolvimento da resistência cardiorrespiratória. A literatura recomenda que a faixa ideal de FC esteja entre 60% e 85% da FCmáx de cada indivíduo.[7] Pela monitorização da FC dentro da ZPT, conseguimos prescrever um treinamento cardiorrespiratório de forma mais individualizada e, portanto, precisa.

Um treinamento com intensidade abaixo de 60% da FCmáx seria considerado muito leve e, assim, não produziria o efeito esperado para aumentar significativamente o consumo máximo de oxigênio (VO_2máx). A faixa entre 60% e 65% da FCmáx é considerada de intensidade leve, ideal para alunos iniciantes. A faixa entre 70% e 75% é considerada moderada, ideal para alunos de ní-

vel intermediário. Já a faixa entre 80% e 85% é considerada intensa, ideal para alunos avançados. Frequências cardíacas acima de 85% da FCmáx são consideradas muito intensas, ideais para treinamento anaeróbico ou de velocidade, não estimuladas em programas de condicionamento voltados à saúde.[46,54,64]

A maneira mais precisa de se identificar o consumo máximo de oxigênio de uma pessoa e a FCmáx atingida próxima à exaustão é por meio do teste ergoespirométrico. Mas tal teste de medida direta de gases, em razão de seu alto custo, torna-se inviável na maioria dos programas de condicionamento voltados à saúde, sendo mais utilizado em situações de treinamento esportivo de alto rendimento. Sendo assim, os testes mais utilizados atualmente são os ergométricos indiretos, que procuram estimar o VO_2máx de um indivíduo a partir de equações que predizem o consumo de oxigênio pelo alcance máximo de tempo durante a aplicação de determinado protocolo. Os principais testes ergométricos utilizados para a saúde foram descritos no início do capítulo.

Na impossibilidade de se realizar um teste ergométrico ou mesmo um teste máximo de corrida, podemos estimar a ZPT de um indivíduo por equações (fórmulas), as quais procuram estabelecer a FCmáx a partir da idade e da FC de repouso.[19,37,39] Aqui, propomos a fórmula original de Karvonen e uma segunda, bastante difundida, elaborada a partir da original.

Karvonen 1

$$FCmáx = 220 – idade (anos)$$

A equação proposta estima a FCmáx com base nos estudos transversais de controle de FC com recém-nascidos (até atingirem a idade adulta). Observou-se que um recém-nascido em situação de estresse pode apresentar até 220 bpm e que, ao longo dos anos, a tendência da FCmáx é diminuir; daí a fórmula fundamentar-se nessa relação entre frequência cardíaca máxima e a idade em anos do indivíduo.

O principal problema dessa equação é utilizar apenas uma variável – a idade do indivíduo –, o que significa, na teoria, que uma pessoa jovem suportaria uma ZPT com FC elevada apenas pelo fato de ser jovem, ao passo que uma pessoa mais velha teria necessariamente uma ZPT com FC baixa, justamente em decorrência da idade avançada. Por isso, essa fórmula superestima um indivíduo jovem e subestima um idoso (Gráfico 5.6).

Gráfico 5.6 – Zona sensível ao treinamento

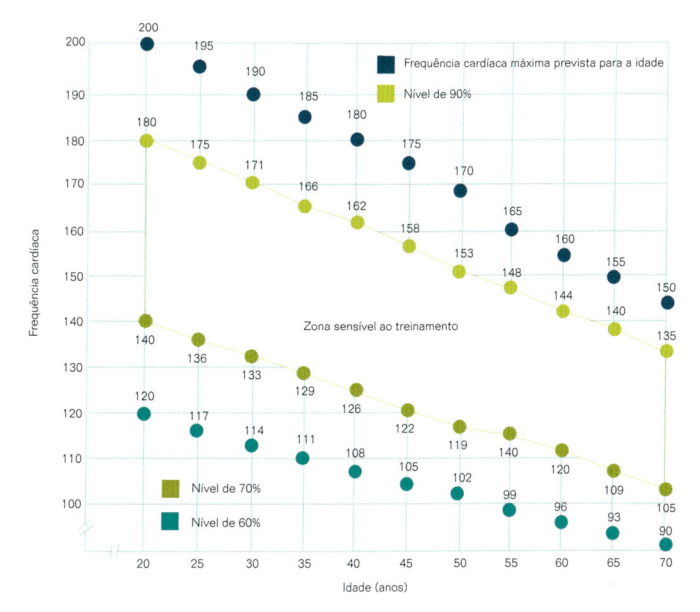

Karvonen 2

FC treino = (220 - idade) -
FC repouso x Intensidade + FCrepouso

Em que:

Intensidade – 0,6; 0,65; 0,7; 0,75; 0,8; 0,85
(60% a 85% da FCmáx).

Essa segunda equação, além de considerar a idade do indivíduo, utiliza a FC de repouso, que pode ser tomada como um indicador da condição física atual. A Tabela 5.2 faz um comparativo do comportamento da ZPT entre os indivíduos A, de 20 anos, e B, de 50 anos, a partir das duas equações propostas.

Planejamento dos métodos de treinamento do exercício de efeito geral voltado para a saúde

Método contínuo

Consiste em aplicar o exercício – qualquer uma das modalidades cíclicas ou acíclicas – com uma duração mínima, a fim de desenvolver a resistência cardiorrespiratória de forma ininterrupta. Apesar de o método se desenvolver sem pausa, a intensidade (velocidade de execução do movimento) pode variar durante sua execução. Com

Tabela 5.2 – Comparação da ZPT e do nível de intensidade entre os indivíduos A, de 20 anos, e B, de 50 anos, com FC de repouso de 60 bpm, utilizando-se as fórmulas de Karvonen

Z P T FCmáx	Nível de intensidade	Karvonen 1		Karvonen 2	
		FC Indivíduo A	FC Indivíduo B	FC Indivíduo A	FC Indivíduo B
60%	Leve	120 bpm	102 bpm	144 bpm	126 bpm
65%	Leve	130 bpm	111 bpm	151 bpm	132 bpm
70%	Moderado	140 bpm	119 bpm	158 bpm	137 bpm
75%	Moderado	150 bpm	128 bpm	165 bpm	143 bpm
80%	Intenso	160 bpm	136 bpm	172 bpm	148 bpm
85%	Intenso	170 bpm	145 bpm	179 bpm	171 bpm

isso em mente, podemos propor três tipos de método contínuo:[26]

Contínuo constante

O exercício é realizado sempre na mesma intensidade e na duração proposta para a sessão de treinamento. Por exemplo: duração de 30 min a 75% da FCmáx.

Contínuo crescente

O exercício é realizado em intensidade crescente. Por exemplo: 10 min a 65% da FCmáx, 10 min a 75% da FCmáx e a 85% da FCmáx (Gráfico 5.7).

Gráfico 5.7 – Simulação do comportamento da FC durante o método contínuo crescente

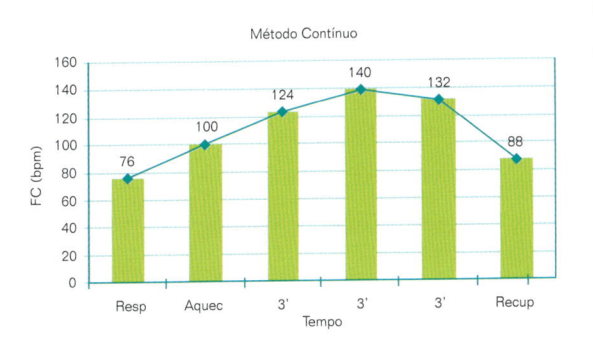

Contínuo variativo

Durante atividades de EEG coreografadas, como, por exemplo, o *step*, a intensidade varia e, consequentemente, a FC também. Dessa forma, fica difícil estabelecer uma porcentagem de FCmáx. A orientação para esse método é que a intensidade permaneça na faixa entre 60% e 85%.

Método intervalado

Diferentemente do método contínuo, o intervalado envolve atividades intermitentes, com estímulos e pausas, ou seja, consiste de períodos alternados de trabalho relativamente intenso e de recuperação ativa. Isso permite realizar mais esforço, com uma carga de trabalho mais intensa, durante um período de tempo mais prolongado (Gráfico 5.8).[26]

Gráfico 5.8 – Simulação do comportamento da FC durante o método intervalado

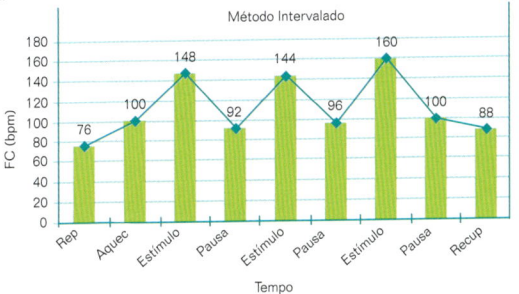

Resumo

- Existem diferentes protocolos para avaliar a capacidade cardiorrespiratória. Há testes escalonados, os quais realizam a captação direta de gases, como o teste ergoespirométrico. Há também os testes de campo de medida indireta do VO_2máx, como o teste de Cooper de 12 min e o de caminhada de 1.600 m, os quais acompanham a evolução do VO_2máx ao longo do processo de treinamento. Ademais, há os testes ergométricos, como o protocolo de Balke e o de Ellestad, que, além de verificar o VO_2máx, também fornecem dados interessantes para a prescrição de FC de treinamento.

- O EEG tem como principal objetivo desenvolver a resistência do sistema cardiorrespiratório. Promove aumento da resistência cardiorrespiratória; diminuição da ventilação pulmonar por minuto para qualquer intensidade submáxima; hipertrofia cardíaca e vascular; diminuição da FC e da PA para determinada intensidade submáxima; aumento dos níveis séricos de colesterol lipoproteico de alta densidade e diminuição dos níveis séricos de triglicerídios; redução da gordura intra-abdominal; e melhora da aparência e da autoestima. O EEG também atua no controle e na prevenção de diferentes doenças. A inatividade é, atualmente, um dos principais fatores de risco de doenças cardiovasculares, hipertensão arterial, sobrepeso e obesidade.

- Existem inúmeras modalidades de exercício que desenvolvem a capacidade cardiorrespiratória. Elas se dividem, basicamente, em cíclicas, as quais apresentam sempre o mesmo padrão de movimento (correr, pedalar, nadar, remar etc.), e acíclicas, as quais possuem um padrão de movimento variado, como ocorre nas atividades coreográficas (aulas de *step*, danças, hidroginástica etc.).

- O consumo máximo de oxigênio é o parâmetro fisiológico que indica a condição do indivíduo de captar, transportar e utilizar o oxigênio dentro de uma unidade de tempo. A capacidade de transportar oxigênio através do sistema é, em geral, a mais limitante; assim sendo, podemos dizer que o sistema cardiovascular limita a velocidade global do consumo de oxigênio. O coração é capaz de se adaptar a uma maior demanda de oigênio por meio de vários mecanismos, como aumento da frequência e do volume de ejeção. A FC se adapta gradualmente a uma maior carga de trabalho, graças a um aumento proporcional à intensidade do exercício.

- O planejamento do EEG é feito a partir do controle do volume, da intensidade e dos métodos de treinamento aplicados. Nas condições de saúde, o volume é determinado principalmente pela frequência semanal e duração da atividade; recomenda-se de três a cinco sessões por semana de EEG, com duração de 15 a 30 min (para um total de 60 min de atividade). A intensidade ideal se dá por uma velocidade de execução que permita o controle da FC dentro da ZPT, ou seja, entre 60% e 85% da FCmáx. Os principais métodos para o desenvolvimento da resistência cardiorrespiratória são o contínuo, realizado de forma ininterrupta, ou sem pausa, e o intervalado, que se organiza com base em estímulo e pausa.

Capítulo 6

Exercício de efeito localizado

O EEL tem como principal objetivo desenvolver a capacidade de força e resistência muscular localizada. O desenvolvimento da força muscular é essencial para um programa de condicionamento físico voltado à saúde. Antes de apresentarmos a metodologia da prescrição dos exercícios de força, é necessário descrever os testes de avaliação da capacidade de força e resistência muscular específicos para a saúde.

Avaliação da capacidade de força e resistência para a saúde

Existem inúmeros testes citados pela literatura para a avaliação da capacidade de força, os quais requerem equipamentos pouco acessíveis, como dinamômetros, tensiômetros ou mesmo máquinas de ação isocinética. Neste estudo, foram selecionados os testes de baixo custo e fácil aplicabilidade que identificam o nível de resistência muscular da parte superior do corpo (teste de apoio), da parte inferior (teste de sentar e levantar da cadeira) e do tronco (teste de força abdominal), além dos testes utilizados para prescrição do treinamento da força (teste de uma repetição máxima – 1 RM – e teste de repetições máximas).

Teste de apoio (flexão de braços)[7]

Objetivo

Medir a resistência muscular localizada da parte superior do corpo.

Materiais

Colchonete e cronômetro.

Procedimento

A posição inicial do avaliado varia conforme seu sexo. Se for do sexo masculino, o avaliado assume a posição de apoio padrão, com as costas retas, a cabeça para cima e as mãos afastadas na largura dos ombros (decúbito dorsal, apenas com as mãos e pontas dos pés apoiadas no solo). Para executar o teste, o avaliado deve flexionar e estender os cotovelos, abaixando o corpo até que o rosto fique próximo ao solo; o abdômen não deve tocar o solo (Figura 6.1).

A avaliada mulher, por sua vez, deve assumir a posição de joelhos, com os pés cruzados (sem que toquem o solo) e as costas retas. Para a execução do teste, a avaliada deve flexionar e estender os cotovelos até que o queixo toque o colchonete; o abdômen não deve tocar o solo. O avaliador deve se certificar de que o peso do tronco está de fato sobre os braços, e não sobre os joelhos (Figura 6.2).

Resultado

Registrar o número de repetições máximas do mesmo movimento realizadas sem repouso.

 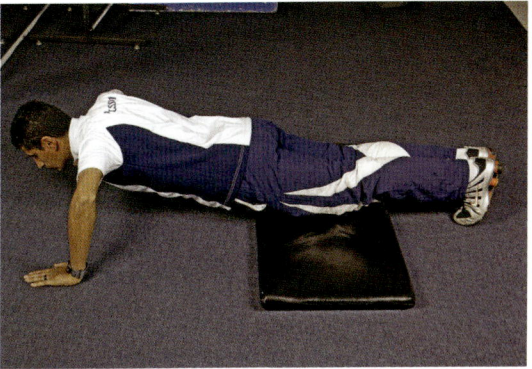

Figura 6.1 – Posição inicial do teste de apoio para avaliados do sexo masculino.

Figura 6.2 – Posição inicial do teste de apoio para avaliados do sexo feminino.

Teste de força abdominal[7]

Objetivo

Medir a resistência muscular dos músculos abdominais e flexores do quadril.

Materiais

Colchonete e cronômetro.

Procedimento

Inicialmente, o avaliado deve ficar em decúbito dorsal, com os pés apoiados no solo, joelhos flexionados e braços cruzados sobre o tórax. O avaliador realiza uma pressão nos pés do avaliado a fim de gerar equilíbrio durante a aplicação do teste (Figura 6.3). Ao sinal de partida ("pronto" ou "vai") do avaliador, o avaliado deverá realizar a flexão completa do quadril e do tronco – até encostar os cotovelos nos joelhos – e retornar ao colchonete – encostando toda a extensão do tronco – o maior número de vezes possível até o sinal de "pare" do avaliador.

De modo a executar corretamente o teste, o avaliado não pode interromper os movimentos durante o tempo de execução, afastar os braços do tronco, tirar os pés do solo e deixar de estender completamente o tronco ao tocá-lo no solo (na volta do movimento).

Resultado

Registrar o número de repetições máximas realizadas em 30 ou 60 s.

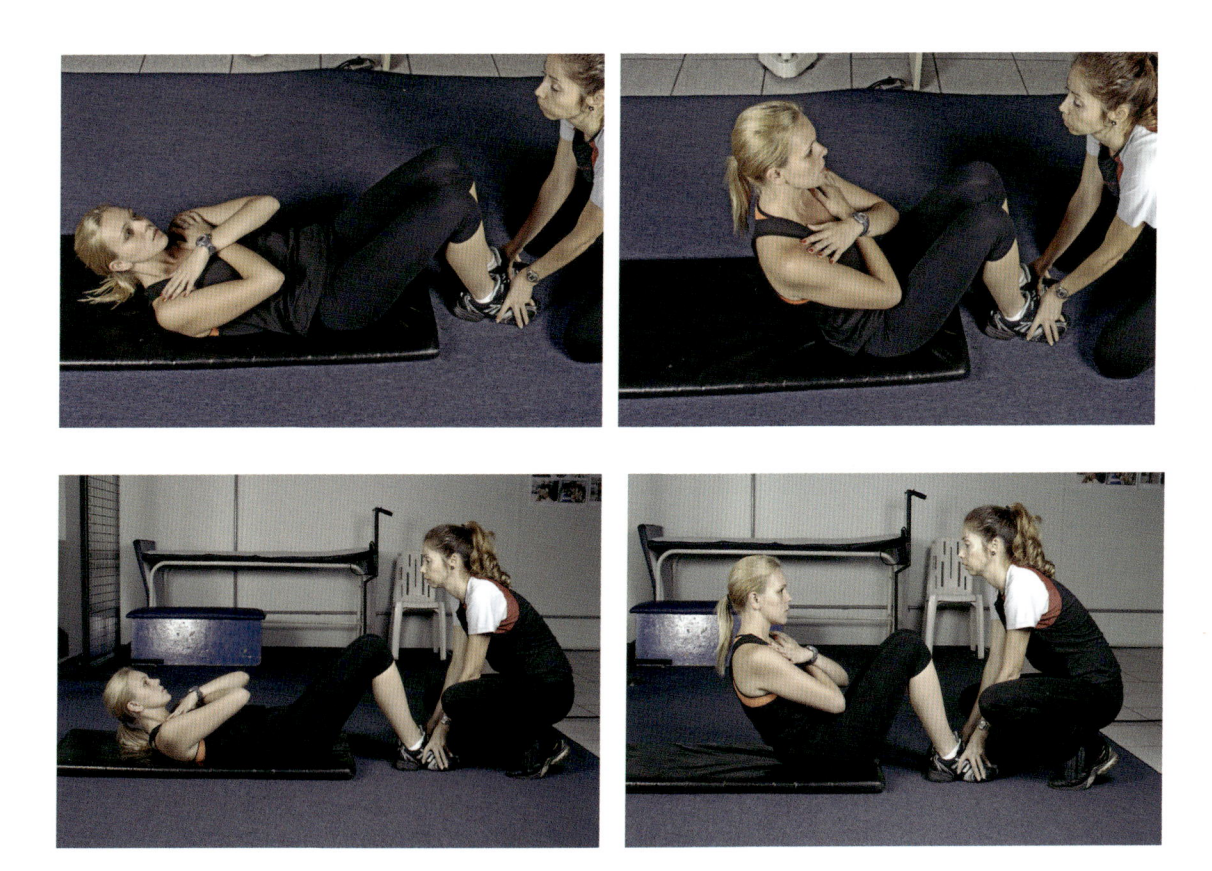

Figura 6.3 – Posição inicial e execução do teste abdominal.

Teste de sentar e levantar da cadeira[50]

Objetivo

Medir a resistência dos membros inferiores.

Materiais

Cadeira estável e cronômetro.

Procedimento

O avaliado deve se posicionar à frente da cadeira, com as mãos na cintura. Ao sinal de partida do avaliador ("pronto" ou "vai"), o avaliado inicia o movimento de sentar e levantar o mais rapidamente possível; ao sinal de "pare", o teste termina. Os movimentos de sentar e levantar devem ser realizados de forma completa, ou seja, com extensão total dos joelhos ao levantar e encostando a região dorsal na cadeira ao sentar (Figura 6.4).

A cadeira deve estar fixada em solo antiderrapante, e o avaliador deve segurar o encosto da cadeira para que ela não se movimente durante o teste.

Resultado

Registrar o número de repetições do movimento de sentar e levantar da cadeira em 60 s.

Figura 6.4 – Posição inicial e execução do teste de sentar e levantar da cadeira.

Teste de carga máxima de Bittencourt[37]

Objetivo

Determinar, por meio de exercícios (em aparelhos ou não) de 1 RM ou de número máximo de repetições do mesmo movimento, a capacidade máxima de força dinâmica desenvolvida por um grupo muscular.

Material

Aparelhos de musculação ou pesos livres.

Procedimento

Teste de uma repetição máxima

Pode ser aplicado de duas formas: crescente ou decrescente. Na forma crescente, o procedimento consiste na adição gradativa de peso até que o avaliado não consiga realizar nenhum movimento. Na forma decrescente, aplica-se inicialmente uma carga além da máxima, que não permite ao avaliado executar o movimento;

depois, a carga é diminuída até o ponto em que o avaliado consegue realizar um único movimento completo.

Por causa do alto grau de estresse muscular provocado por esse teste, recomenda-se sua aplicação apenas a indivíduos treinados, que tenham passado pelo período de adaptação. Recomenda-se também que o teste seja realizado após aquecimento geral e específico e que o número máximo de tentativas não exceda a três, a fim de que não ocorra fadiga muscular e, por consequência, uma avaliação imprecisa da carga máxima.

Teste de número máximo de repetições

Inicialmente, o avaliador deve estabelecer o número de repetições (em cada exercício ou máquina) conforme os objetivos do programa. Depois, estipular uma carga que possibilitará ao avaliado executar a quantidade de repetições desejada. Para a testagem, recomenda-se aplicar três séries do número de repetições pretendido. Se o avaliado realizar uma das séries com muita facilidade, a carga deve ser aumentada. Se ele não for capaz de terminar a outra série, a carga deve ser reduzida. Se, na próxima série, apresentar certo grau de dificuldade nas últimas repetições, mas completá-la, isso significa que a carga estabelecida corresponde ao desejado para a atual fase ou para o objetivo do treinamento.

Caso não tenha sido possível determinar a carga correta nas três séries propostas, recomenda-se aplicar o teste a outra região muscular para, depois de alguns minutos, aplicá-lo novamente à região que se pretende avaliar.

Resultado

Registrar a carga (peso em quilogramas ou em watts) alcançada em cada exercício, seja de 1 RM ou de número máximo de repetições.

Capacidade de força motora

Conceito de força

A força motora é a capacidade de um músculo gerar energia contra alguma resistência.

Conceito de resistência muscular

Capacidade de realizar contrações musculares repetitivas contra alguma resistência por um longo período de tempo e sem perda aparente de energia.

Doenças associadas à falta de capacidade de força e de resistência muscular localizada

A capacidade de força e de resistência muscular é imprescindível para a manutenção da saúde. Na sociedade atual, por conta, por exemplo, das facilidades tecnológicas, há um menor dispêndio de energia na vida diária, e o aparelho locomotor realiza pouca atividade. Dessa forma, doenças e distúrbios que antigamente eram típicos do envelhecimento, tais como dor lombar, hérnia de disco, artrite, estresse muscular etc., acometem, hoje, pessoas na faixa etária entre 30 e 40 anos.

A diminuição da capacidade de força, ou enfraquecimento muscular, é inevitável durante o processo de envelhecimento. A perda progressiva dessa capacidade acarreta fragilidade corporal por incapacidade e limitação de movimentos corporais comuns da vida diária. Nossa sociedade tem dificuldade de lidar com as limitações físicas próprias do envelhecimento, e os idosos acabam se tornando um fardo para suas famílias por não serem fisicamente independentes.

Doenças e distúrbios do sistema musculo-esquelético, como osteoporose, artrite, fraturas ósseas, rompimento dos tecidos conjuntivos e síndrome lombar, também estão relacionados a um estilo de vida sedentário, o qual promove perda de massa muscular.

Muitos desses problemas ocasionados pela perda da capacidade de força e de resistência muscular poderiam ser evitados ou retardados se houvesse uma conscientização da necessidade de praticar atividade física estruturada com treinamento de força.

A osteoporose, por exemplo, doença que provoca perda de massa óssea – processo normal do envelhecimento –, aumentando o risco de fraturas dos ossos, poderia ser facilmente controlada com a ingestão adequada de cálcio e a prática de atividade física estruturada – a ACSM[7] recomenda especialmente os exercícios que en-

volvam sustentação do peso corporal e treinamento de força.

A dor lombar, por sua vez, que é, geralmente, um distúrbio mais funcional do que estrutural, pode ser revertida, em muitos casos, por meio de um programa de exercícios planejado para desenvolver a força e a flexibilidade dos grupos musculares adequados. Se os músculos da coluna não são fortes o suficiente para apoiá-la corretamente no alinhamento, isso resultará em uma postura errada e no surgimento de problemas lombares.

Como mencionado, a origem dos problemas lombares está frequentemente associada a condições funcionais do aparelho locomotor. Dessa forma, os exercícios de fortalecimento das musculaturas anterior e posterior do tronco podem reverter os sintomas de dor e inflamação. As pessoas que se mantêm fisicamente ativas por toda a vida retêm mais força nos ossos, ligamentos e tendões e, dessa maneira, são menos propensas a sofrer fraturas ósseas e rompimentos dos tecidos conjuntivos.[2]

Assim como o EEG, que diminui a PA de homens e mulheres com hipertensão leve a moderada,[27] o EEL com pesos também reduz a PA de adolescentes e adultos com hipertensão. Com relação a idosos, Cononie e colaboradores,[14] em uma pesquisa com indivíduos entre 70 e 79 anos que tinham PA normal ou levemente elevada, não relataram nenhuma mudança na PA em resposta a seis meses de treinamento com pesos.

Benefícios do exercício de efeito localizado para a saúde

Segundo o ACSM,[7] o EEL:

- Aumenta a capacidade de força e de resistência muscular localizada;
- Desenvolve a massa magra (peso) isenta de gordura e a taxa metabólica basal (de repouso), que está relacionada ao ganho de peso;
- Fortalece os músculos, tendões e ligamentos;
- Auxilia no processo de aumento da massa óssea, o que previne contra a osteoporose;
- Auxilia no aumento da tolerância à glicose, ajudando na prevenção do diabetes tipo 2;
- Atua na preservação da integridade musculotendinosa, diminuindo o risco de lesão e de distúrbios como artrite, artrose, dor lombar, miosite etc.;
- Melhora a postura corporal e a capacidade de realizar as atividades da vida diária, contribuindo para o aumento da autoestima;
- Estimula uma distribuição equilibrada da composição corporal, melhorando a aparência.

Fatores que determinam os níveis de força muscular

A capacidade de força muscular é proporcional ao diâmetro das fibras musculares. Quanto maior for esse diâmetro ou quanto mais volumoso for determinado músculo, mais forte este será e, assim, capaz de gerar mais força. O diâmetro das fibras musculares e, por consequência, o músculo tendem a aumentar com o treinamento envolvendo pesos, seja ele composto por exercícios que utilizem o peso do próprio corpo, isto é, de baixa carga/intensidade, típicos da ginástica, ou por exercícios que utilizem máquinas de musculação a fim de gerar uma maior carga/intensidade.

Hipertrofia

É o aumento – ocasionado pelo treinamento – do tamanho das células musculares, que provoca, consequentemente, o aumento da seção transversa do músculo e de sua capacidade de força.

Atrofia

É a redução – decorrente do sedentarismo – do tamanho das células musculares, a qual provoca a diminuição da seção transversal do músculo e de sua capacidade de força.

Tamanho do músculo

A capacidade de força de um músculo se dá pela combinação entre o número e o diâmetro das fibras musculares. Um indivíduo com um grande número de fibras musculares tem maior potencial de desenvolver hipertrofia muscular em relação a outro com um número relativamente pequeno de fibras.[18] O número de fibras é determinado hereditariamente.

Eficiência neuromuscular

A força está relacionada diretamente com a eficiência do sistema neuromuscular e com a função da unidade motora de produzir força muscular. Os aumentos iniciais da capacidade de força obtidos por meio de um programa de treinamento podem ser atribuídos principalmente à maior eficiência neuromuscular.[41]

Aspectos biomecânicos

A força do músculo é dada não apenas por propriedades físicas, mas também por fatores biomecânicos que determinam a quantidade de força que pode ser gerada por um sistema de alavancas em relação a um objeto externo. A seleção de certos exercícios de força ocorre a partir de uma avaliação biomecânica do movimento.

As fibras musculares são formadas principalmente por pequenos filamentos proteicos, denominados miofilamentos, que representam os elementos contráteis do músculo. Como resultado do treinamento, esses miofilamentos aumentam de tamanho e se tornam mais numerosos, fazendo cada fibra muscular aumentar de diâmetro (Figura 6.5).[39,57]

Cada unidade motora é composta por fibras de contração rápida e fibras de contração lenta, cada qual possuindo capacidades metabólicas e contráteis próprias.

Fibras de contração rápida e fibras de contração lenta

As fibras de contração rápida, ou do tipo II, são capazes de produzir contrações rápidas e vigorosas, mas sofrem fadiga com rapidez. São úteis nas atividades de curta duração e alta intensidade, as quais envolvem principalmente o sistema anaeróbico. Subdividem-se em dois tipos: IIA, moderadamente resistentes à fadiga, e IIB, que sofrem fadiga rapidamente.

As fibras de contração lenta, também denominadas fibras do tipo I, são mais resistentes à fadiga que as fibras de contração rápida; entretanto, o tempo de que necessitam para gerar força é muito maior.[39] Por serem relativamente resistentes à fadiga, estão associadas às atividades de longa duração (aeróbicas).

Todo músculo contém tanto fibras de contração rápida quanto fibras de contração lenta.[39] Os músculos cuja função primária é manter a postura necessitam de maior resistência e, por isso, possuem um percentual mais elevado de fibras de contração lenta. Já os músculos que produzem movimentos de força e velocidade possuem maior número de fibras de contração rápida. Essa relação, que é determinada geneticamente, desempenha um papel significativo na determinação da capacidade para um determinado tipo de atividade física ou esporte. Por exemplo: velocistas possuem um grande percentual de fibras de contração rápida, ao passo que maratonistas possuem um percentual mais alto de fibras de contração lenta.[13]

As capacidades metabólicas tanto das fibras de contração rápida quanto daquelas de contração lenta podem ser aprimoradas por meio de um treinamento específico de força e de resistência. Estudos indicam que pode haver uma transformação quase completa dos tipos de contração lenta para tipos de contração rápida, e vice-versa.[39]

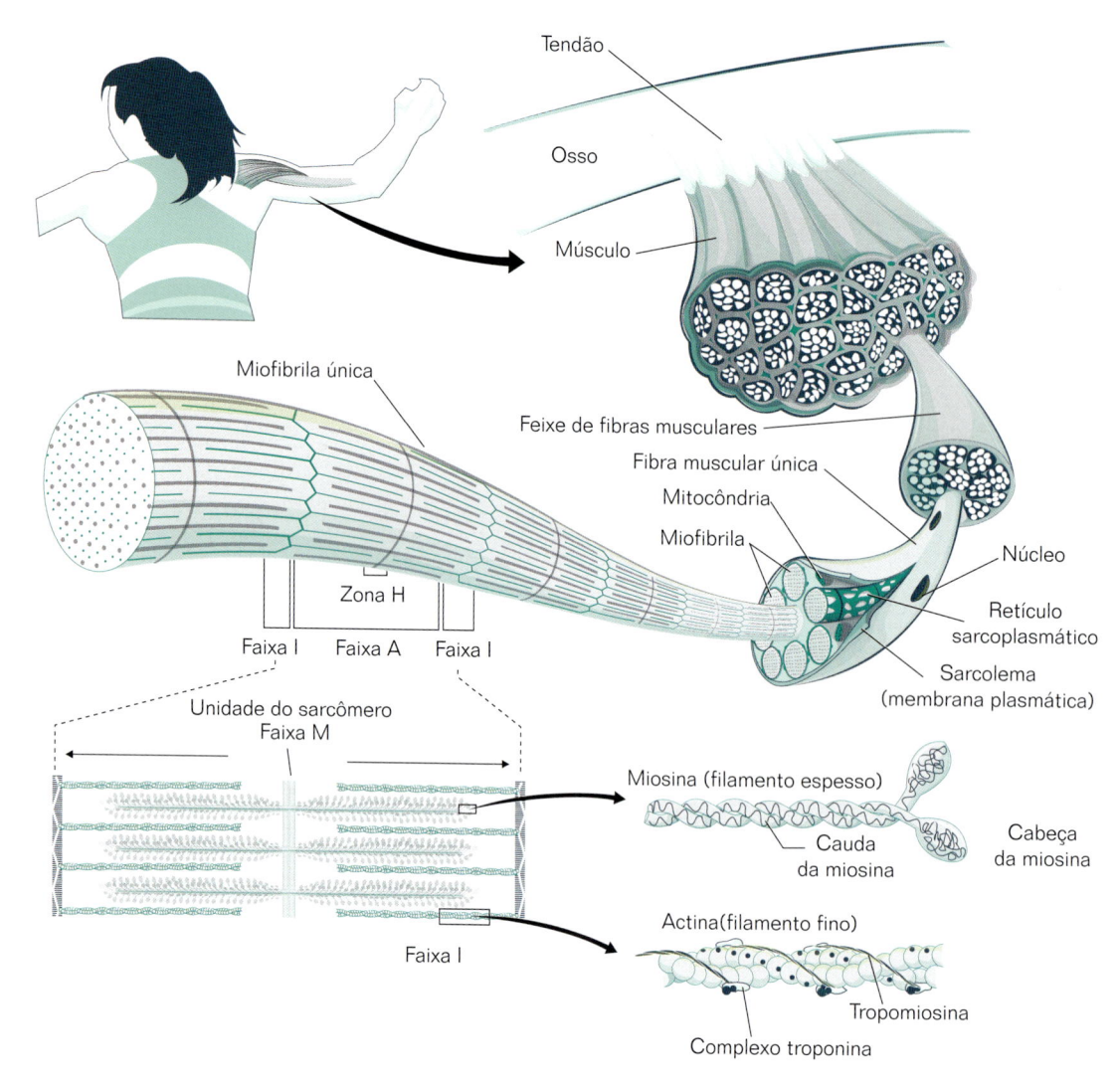

Figura 6.5 – Estrutura muscular e tipos de fibra muscular.

Tipos de contração muscular

A força motora pode ser gerada a partir de duas outras forças: a estática, que produz contração isométrica, e a dinâmica, que produz contração isotônica concêntrica e excêntrica (Figura 6.6).

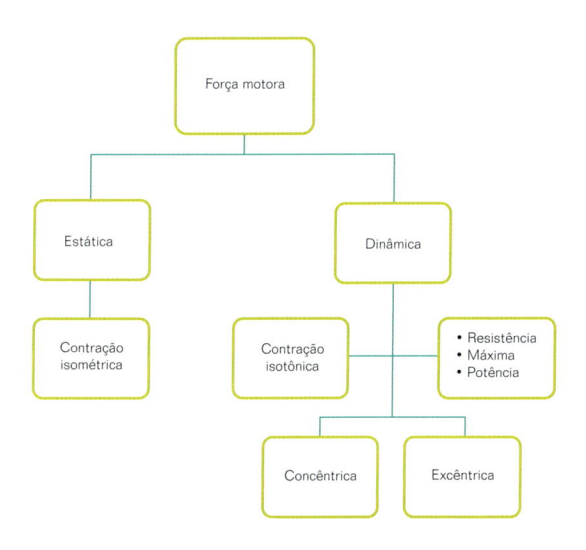

Figura 6.6 – Tipos de força motora e forma de contração muscular.

Contração isométrica

Ocorre quando o músculo se contrai a fim de aumentar a tensão, sem que haja qualquer mudança no seu comprimento. Pode ser gerada uma força considerável contra alguma resistência imóvel, apesar de não ocorrer nenhum movimento.

Exercício isométrico

Envolve uma contração muscular na qual o comprimento do músculo permanece constante, enquanto é desenvolvida uma tensão para uma força máxima contra certa resistência imóvel.[9] O músculo deve gerar uma força máxima durante 10 s, e a contração deve ser repetida de cinco a dez vezes. Os exercícios isométricos são capazes de aumentar a força muscular, mas tal aumento ocorre apenas no ângulo articular em que o exercício é realizado. Uma desvantagem é que a curva de força de outros ângulos cai drasticamente, em razão da ausência de atividade motora neles.

Outra desvantagem dos exercícios isométricos é que eles tendem a produzir um pico de pressão sistólica, que pode resultar em situações de risco de acidente cardiovascular.[49] Esse aumento brusco na PA resulta da apneia e do aumento da pressão intratorácica. Consequentemente, observa-se um aumento significativo da pressão suportada pelo coração, fenômeno denominado efeito de Valsalva.[39] Para evitar ou minimizar a elevação de pressão, recomenda-se que a respiração seja mantida durante a contração máxima.

Os exercícios isométricos são mais utilizados em situações de reabilitação de certas lesões musculoesqueléticas, ao passo que os exercícios dinâmicos são muito mais utilizados para aumentar a capacidade de força e de resistência.

Contração isotônica concêntrica e excêntrica

As contrações isotônicas, consideradas movimentos dinâmicos, podem ser concêntricas ou excêntricas. Na contração isotônica concêntrica, ou positiva, o comprimento do músculo diminui à medida que é realizada uma contração para superar ou movimentar alguma resistência. Por exemplo: no exercício de rosca direta, quando se flexiona o cotovelo, o bíceps braquial se contrai e reduz o seu comprimento.

Na contração excêntrica, ou negativa, a resistência é maior que a força muscular produzida, e o músculo se alonga ao mesmo tempo que se contrai. Ainda no exemplo da rosca direta, quando ocorre o retorno à posição inicial, o bíceps, a fim de controlar o peso, contrai-se enquanto sofre um alongamento gradual. [28]

Contração concêntrica ou positiva

O músculo sofre encurtamento enquanto se contrai contra uma resistência.

Contração excêntrica ou negativa

O músculo sofre alongamento enquanto se contrai contra uma resistência.

Ação da força nas fases concêntrica e excêntrica

A contração excêntrica possibilita gerar uma maior quantidade de força contra uma resistência em relação à contração concêntrica. Isso se deve ao fato de as contrações excêntricas acionarem menos unidades motoras e exigirem delas um nível muito mais baixo de atividade para obter determinada força. Como são acionadas menos unidades motoras, podem ser recrutadas unidades motoras adicionais, as quais gerarão uma força maior. Além disso, a utilização de oxigênio é muito mais baixa durante o exercício excêntrico. Assim sendo, as contrações excêntricas são mais resistentes à fadiga que as concêntricas. Por sua vez, a eficiência mecânica do exercício excêntrico pode ser muito mais alta.[53]

As contrações concêntricas funcionam acelerando o movimento, enquanto as excêntricas atuam desacelerando o movimento (Figuras 6.7 e 6.8).

Figura 6.7 – Os músculos isquiotibiais deverão se contrair excentricamente a fim de desacelerar a velocidade angular da perna durante a corrida.

Figura 6.8 – Os rotatores externos dos músculos do manguito rotator que circundam o ombro se contraem excentricamente para desacelerar a rotação interna do úmero durante um arremesso.

Manifestações da força dinâmica

Força dinâmica máxima

Refere-se à condição do músculo de realizar tensão em situações de contração muscular com movimentos de alta intensidade. A contração máxima de um músculo envolve a aplicação de carga máxima e submáxima. É conhecida também como força hipertrófica.

A força hipertrófica é comumente empregada em situações de atividade física de alto rendimento, isto é, com o objetivo de desenvolver a capacidade de força, seja para o rendimento esportivo, seja para o aumento acentuado da massa muscular. O treinamento submáximo provoca uma boa distribuição da massa corporal; entretanto, se mal administrado, oferece riscos à saúde do aparelho locomotor passivo (ossos, tendões, ligamentos e cartilagens).

Para que ocorra um equilíbrio na administração de cargas elevadas em um treinamento de força sem riscos à saúde, a aplicação de dois ou três períodos de intensidade submáxima em um ano, depois de um longo período de adaptação aos treinamentos de resistência

muscular localizada, pode oferecer maior segurança e eficiência.

Força dinâmica de potência

A força dinâmica de potência, ou força explosiva, envolve situações de aplicação de exercícios de força de alta intensidade com o máximo de velocidade na execução do movimento. Está relacionada principalmente ao rendimento esportivo, uma vez que muitas modalidades necessitam dessas duas capacidades – força e velocidade – em conjunto.

Em um programa voltado à saúde, o treinamento de força de potência não se faz necessário, pois o rendimento não é prioridade.

Força dinâmica de resistência

A força dinâmica de resistência, ou resistência muscular localizada, refere-se à capacidade do músculo de realizar um elevado número de repetições do mesmo movimento. O treinamento dessa força pretende, portanto, aumentar essa capacidade, tornando o músculo resistente. A resistência muscular localizada dos grandes grupos musculares se faz essencial em programas de atividade física para a saúde e também em condições de reabilitação.

Modalidades de exercício de efeito localizado

O EEL se divide basicamente nas modalidades de ginástica e de musculação.

Ginástica

Na ginástica, são utilizados como resistência o peso do próprio corpo e alguns materiais, como pesos de mão, caneleira, colchonetes, borracha, bola suíça, bastão etc. A aula de ginástica também pode ser realizada dentro da água (hidrolocal), visando ao efeito localizado ou à resistência de força.

Musculação e pesos livres

Na musculação, os exercícios são realizados utilizando-se pesos livres com vários tipos de halteres de barra longa ou curta, os quais exigem o uso de placas de ferro de pesos variáveis e podem ser modificados facilmente, acrescentando-se ou subtraindo-se pesos nas barras ou nas mãos. Também são bastante utilizadas as máquinas para exercício, como aquelas produzidas pela Queens, Cybex, Nautilus e Body Master. Tais máquinas possuem uma pilha de pesos, que é levantada por meio de uma série de alavancas ou polias e desliza para cima e para baixo sobre um par de barras, o qual restringe o movimento a um único plano. O peso pode ser aumentado ou reduzido pela simples modificação da posição de uma chave.

Exemplos de modalidades de ginástica e de musculação

Ginástica

Musculação

Exemplos:

- Localizada;
- *Body pump*;
- *Gap*;
- *Fitball*;
- Circuito;
- Hidrolocal.

Exemplos:

- Pesos livres;
- Pesos em máquinas;
- Ginástica localizada.

Características da musculação com máquinas e com pesos livres

Máquinas

As máquinas são largamente empregadas para o treinamento de força na atualidade, por conta de sua maior segurança em comparação aos pesos livres. Isso se dá principalmente porque o processo de aumentar ou diminuir o peso durante o exercício é muito simples, bastando movimentar uma única chave entre as barras de pesos. Em geral, os acréscimos são de 4,5 ou 6,75 kg.

Pesos livres

As placas de ferro usadas com os pesos livres devem ser acrescentadas ou removidas de cada lado dos halteres (de barra longa ou curta). A vigilância nesses exercícios deve ser constante, especialmente em um treinamento de alta intensidade ou carga. Ao treinar com pesos livres, é essencial que o levantador tenha um parceiro para ajudá-lo a realizar determinado exercício. O parceiro pode evitar uma lesão, observando a execução da técnica, que fica comprometida com muita carga, além de motivar o levantador.

Biomecânica do exercício de efeito localizado

Existe uma diferença entre os exercícios localizados de ginástica ou pesos livres e aqueles realizados em máquinas: o exercício de ginástica ou peso livre não possui restrição de movimento, dependendo das forças aplicadas. Dessa forma, um exercício localizado livre – sem máquina – deve ser realizado levando-se em consideração os aspectos biomecânicos de ação da gravidade e o sistema de alavancas.[15]

Ação da gravidade

Exercícios livres

A posição inicial de um movimento deve ser considerada a partir das forças gravitacionais que nos impulsionam contra o centro da Terra, ou seja, contra o solo. Por isso, a eficiência de um EEL se dá se sua realização for na mesma direção da força gravitacional, mas no sentido contrário a ela. Levando isso em consideração, o EEL livre deve ser realizado contra a ação da gravidade (Figuras 6.9 e 6.10). Na Figura 6.9, observamos uma flexão do tronco a partir da posição de decúbito dorsal, realizada contra a ação da gravidade. Na Figura 6.10, a extensão do cotovelo com adução do ombro, feita a partir da posição de decúbito ventral, também foi realizada contra a gravidade.

Figura 6.10 – Exemplo de exercício de flexão de braço.

Exercícios com máquinas

As máquinas de exercícios visam minimizar a mudança de resistência que ocorre com os exercícios livres, utilizando um sistema de came. O came é desenhado para cada máquina, individualmente, conforme o músculo prioritário de ação, para que a resistência seja variável durante todo o movimento. O sistema de came tenta alterar a resistência para que o músculo-alvo possa manipular uma maior carga; nos pontos em que o ângulo articular ou o comprimento do músculo encontra-se em desvantagem mecânica, o came reduz a resistência ao movimento muscular. Essa resistência cambiante em diferentes pontos da

Figura 6.9 – Exemplo de exercício abdominal.

amplitude é denominada resistência de acomodação ou resistência variável (Figura 6.11).[15,47]

Figura 6.11 – Exemplo de exercício com máquina.

Desse modo, um EEL realizado em máquina é considerado eficiente se for elaborado levando em consideração os aspectos biomecânicos das alavancas.

Alavancas

A execução do exercício localizado de forma livre depende de uma contração gerada por determinado grupo muscular e também de uma estrutura óssea e articular correspondente. Biomecanicamente, um sistema de alavancas existe quando uma estrutura encontra-se apoiada por um ponto fixo, o qual permite sua movimentação. Um sistema de alavancas se caracteriza pela existência de três componentes:[6]

- Alavanca: estrutura rígida sobre a qual a força incide (internamente, no caso, seriam os ossos);
- Ponto fixo: ponto sobre o qual a alavanca se apoia, tendendo a girar em torno dele (no caso, seria a articulação);
- Força: é o que leva a alavanca a se movimentar em torno do eixo fixo, podendo se manifestar de duas formas:
  - Força potente (ou potência ou, simplesmente, força): exercida ativamente (força que move ou mantém);
  - Força resistente (ou resistência): exercida passivamente (que se opõe ou resiste).

Esse sistema de alavancas se aplica a duas formas de atuação da força: aquela gerada externamente, produzida por meio de implementos (força resistente), isto é, aparelhos e engrenagens, como as máquinas típicas da sala de musculação que operam sobre o princípio de uma barra rígida, cujas "forças" tendem a rodá-la sobre seu eixo; e aquela gerada internamente pelos ossos (alavanca), pela articulação (ponto fixo), pelos músculos (força potente).

O sistema de alavancas se dá não apenas nos aparelhos e engrenagens, mas também no EEL de ginástica e com pesos livres, na posição inicial e durante sua execução. Por isso, devemos considerar o conceito da vantagem mecânica (VM), dado pelo seguinte:

$$VM = \frac{BP}{BR}$$

Em que:

BP (braço de potência) – distância entre o apoio (ponto fixo) e o local onde a força potente foi gerada;

BR (braço de resistência) – distância entre o apoio (ponto fixo) e o local onde a força resistente foi aplicada.

Podemos dizer que toda vez que a distância entre o braço de potência e o braço de resistência é reduzida ocorre uma VM, ou seja, a intensidade do exercício é menor, e que toda vez que a distância entre o braço de potência

e o braço de resistência aumenta, a intensidade ou carga do exercício também aumenta. Para exemplificar, podemos utilizar a descrição de dois exercícios livres.

Exercício de abdução e adução de ombros em pé

Este exercício, popularmente conhecido como elevação lateral, ilustra claramente o aspecto da VM. O braço de potência está na articulação do ombro e o de resistência está no peso das mãos (Figura 6.12).

Figura 6.12 – Exercício de elevação lateral em pé.

Se o mesmo exercício for realizado com flexão dos cotovelos, observamos que a distância entre o ombro (braço de potência) e as mãos (braços de resistência) diminui, tornando o exercício mais leve ou menos intenso, graças à VM (Figura 6.13).

Figura 6.13 – Exercício de elevação lateral em pé com cotovelos flexionados.

Exercício de abdução e adução do quadril em decúbito lateral

Neste exercício, conhecido popularmente como elevação de perna, o braço de potência está na articulação do quadril e o de resistência está no peso dos tornozelos e dos pés (Figura 6.14).

Se o mesmo exercício for realizado com flexão do joelho superior, observamos que a distância entre o quadril (braço de resistência) e os pés (braços de resistência) diminui, tornando o exercício mais leve ou menos intenso, graças à VM (Figura 6.15).

Figura 6.14 – Exercício de elevação de perna em decúbito lateral.

Figura 6.15 – Exercício de elevação de perna em decúbito lateral com joelho flexionado.

Os princípios biomecânicos de ação da gravidade e o sistema de alavancas devem ser considerados quando da escolha dos exercícios localizados, principalmente em relação aos exercícios livres, pois um exercício pode ficar mais leve ou mais intenso de acordo com a posição inicial e a execução adotadas. Dessa forma, temos uma explicação biomecânica para a seleção dos exercícios mais eficientes de acordo com o objetivo do programa e o nível de condicionamento do aluno.

Volume e intensidade no exercício de efeito localizado

O aspecto mais confuso na prescrição do EEL talvez seja a terminologia utilizada. Por isso, antes de apresentarmos a proposta de volume e intensidade para o desenvolvimento da capacidade de força em um programa voltado à saúde, é necessário elucidar os termos e definições, o que pode, inclusive, evitar alguns equívocos.

Volume

Refere-se à quantidade de treinamento realizada em um determinado período de tempo – semana, mês ou ano. Com relação ao EEL, o volume é controlado a partir das seguintes variáveis:

- Frequência: número de vezes que um exercício ou sessão de treinamento é executado em um período de tempo (semana, mês ou ano);
- Série: determinado número de repetições;
- Repetições: número de vezes que um exercício localizado é realizado;
- Repetições máximas (RM): número máximo de repetições de um mesmo exercício utilizando um determinado peso ou intensidade.

Intensidade

Refere-se à qualidade de treinamento, reproduzida pelo esforço realizado no exercício, e que determina o dispêndio de energia. Com relação ao EEL, a intensidade é controlada a partir das seguintes variáveis:

- Uma repetição máxima: a quantidade de peso que pode ser levantada uma única vez;
- Carga: a quantidade de peso ou de resistência levantada;
- Período de recuperação: o intervalo de repouso entre as séries.

A quantidade de peso utilizada (intensidade) e o número de repetições (volume) devem ser suficientes para fazer o músculo trabalhar com um esforço maior que o habitual. Essa sobrecarga constitui o fator isolado mais importante em qualquer programa de treinamento da capacidade de força, inclusive naqueles voltados à saúde. Não há na literatura consenso sobre um programa ideal de aumento da capacidade de força, com recomendações específicas relativas a repetições, séries, intensidade, tempo de recuperação e frequência semanal. Mas, sejam quais forem as técnicas específicas utilizadas, é incontestável que, para aprimorar a resistência, o músculo deve ser submetido a uma sobrecarga de maneira progressiva.

Relação entre repetição e carga

O treinamento da resistência muscular localizada refere-se à condição do grupo muscular solicitado de realizar um elevado número de repetições do mesmo movimento. Para tanto, a intensidade ou o peso deverá ser proporcional ao número de repetições, que, nesse caso, será baixo. Já quando o objetivo do treinamento for o aumento da força máxima ou pura, o número de repetições do mesmo movimento será menor ou proporcional à intensidade desejada. Tal fato estabelece uma relação numérica entre repetição (volume) e intensidade (carga), ou seja, quanto maior for a intensidade durante um exercício, menor será o número de repetições alcançadas, e vice-versa (Tabela 6.1).

Na Tabela 6.1, observamos que a intensidade foi distribuída de cinco em cinco (%) e depois de dez em dez (%), com o respectivo número de repetições proporcional a cada porcentagem de intensidade. Essa orientação se fundamenta a partir dos procedimentos da realização do teste de carga máxima citado no início do capítulo.

Tabela 6.1 – Proporcionalidade entre repetição e intensidade no EEL

Repetição		Carga (%RM)
1	x	100
2	x	95
4	x	90
6	x	85
8	x	80
10	x	75
12	x	70
15	x	60
20	x	50
30	x	40
40	x	30
50	x	20

Em um treinamento de força máxima, as cargas acima de 90% de 1 RM têm por objetivo o rendimento esportivo de força pura. As cargas entre 70% e 85% de 1 RM são as mais utilizadas nos programas de treinamento da força hipertrófica, ou seja, que têm por finalidade o aumento exacerbado da seção transversa do músculo ou da massa muscular. Já as cargas (intensidade) abaixo de 60% de 1 RM são as mais utilizadas nos programas de treinamento voltados à saúde (Tabela 6.2).[37]

Tabela 6.2 – Relação entre volume e intensidade nas manifestações de força

Manifestações de força	Velocidade de execução	% do peso máximo	Repetições	
			Membros superiores	Membros inferiores e abdômen
Força pura	Lenta	90–100	1–4	1–6
Força dinâmica	Média	70–85	6–13	10–20
Força explosiva	Máxima	50–70	8–15	8–15
Força de resistência	Média	35–50	> 20	> 30

Na literatura, existe um consenso de que a força muscular e a resistência muscular estão intimamente relacionadas. À medida que uma delas melhora, a outra tende a aumentar.[35] Por isso, o treinamento da resistência muscular – a capacidade do músculo de realizar um elevado número de repetições do mesmo movimento por um longo período de tempo – é o método mais eficiente para o aumento da capacidade de força para a saúde. Uma vez que o treinamento de resistência não solicita os músculos e as articulações a limites máximos de intensidade, é bastante seguro em prevenir e evitar lesões do aparelho locomotor.

Prescrição do exercício de efeito localizado para a saúde e qualidade de vida

Volume

Frequência semanal

Partindo dos pressupostos básicos sobre volume e intensidade no EEL, o treinamento de força de resistência voltado à saúde pode ser organizado sistematicamente de modo a ser realizado em dias alternados. Assim sendo, a frequência semanal de treinamento com pesos deve ser de, pelo menos, três vezes e nunca ultrapassar quatro vezes. Estudos recentes indicam que há aumento da força e da resistência também com dois estímulos semanais em dias não consecutivos.[30]

É comum alguns professores prescreverem uma frequência semanal de cinco ou seis vezes; mas, nesse caso, são exercitados grupos musculares diferentes a cada dia. Por exemplo: na segunda, quarta e sexta-feira, são trabalhados os músculos da região superior do corpo, enquanto na terça, na quinta e no sábado é trabalhada a parte inferior do corpo.

Séries e repetições

Para o desenvolvimento da força dinâmica de resistência, o número de séries sugerido é de duas a três para cada exercício. Levando-se em consideração a relação de proporcionalidade entre repetição e carga (intensidade), se o objetivo é o desenvolvimento da resistência da força com finalidade de saúde, o número de repetições recomendado do mesmo movimento varia entre 15 e 30, pois permite cargas abaixo de 70% de 1 RM.

Exercícios

O número de EEL também implica a administração do volume. Em relação a um programa voltado à saúde, recomenda-se um número mínimo de exercícios de forma a solicitar os grandes grupos musculares, como os músculos peitorais, dorsais, abdômen, tríceps sural, anteriores e posteriores da coxa (quadríceps e bíceps femoral). Outros grupos musculares, como o bíceps e tríceps braquial, deltoide, glúteos e adutores da coxa, também podem ser trabalhados. Dessa forma, o número de EEL deve variar entre 6 e 12.

Intensidade

Carga (peso)

No EEL, a intensidade é determinada a partir do objetivo do programa, que é, no caso, o desenvolvimento da resistência muscular locali-

zada e, consequentemente, da saúde. Portanto, a intensidade ideal é aquela que permita uma carga abaixo de 70% de 1 RM, mais especificamente entre 40% e 60% (Tabela 6.3).

Recuperação entre as séries

O intervalo entre as séries também é uma variável de controle do EEL. Quanto menor o tempo de pausa entre as séries, maior será a intensidade do exercício realizado. Nesse caso, como a carga indicada (% de 1RM) é médio-baixa, não há necessidade de pausas longas, as quais devem apenas ser suficientes para evitar fadiga muscular precoce. Se o exercício for executado a uma velocidade média, pausas de 30 a 60 s são suficientes (Tabela 6.3).

Tabela 6.3 – Volume e intensidade do EEL voltado à saúde

	Volume
Séries	2–4
Repetições	15–30
Número de exercícios	6–12 (grandes grupos musculares)

Continua

Continuação

	Intensidade
Carga	40%–60% de 1 RM
Pausa entre as séries	30–60 s
Número de exercícios	6–12 (grandes grupos musculares)

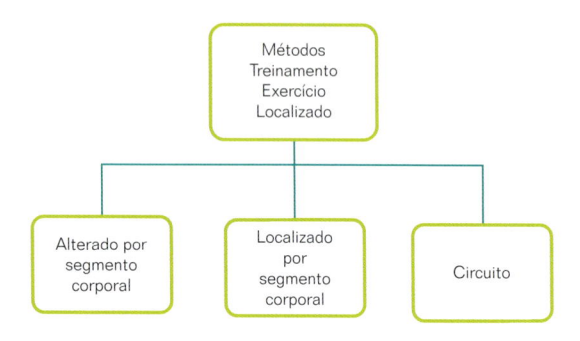

Figura 6.16 – Principais métodos de treinamento do EEL na ginástica.

Planejamento dos métodos de treinamento do exercício de efeito localizado

Métodos para ginástica

Os métodos de treinamento de EEL nas modalidades de ginástica são organizados com base na sequência de exercícios. Existem três métodos principais em relação à ginástica: o alternado por segmento corporal, o localizado por segmento corporal e o circuito (Figura 6.16).

Alternado por segmento corporal

O método alternado por segmento corporal é composto de uma sequência de exercícios que alterna os grupos musculares e os segmentos corporais (cada grupo muscular pertence a determinado segmento corporal, que pode ser o dos membros superiores, o dos membros inferiores e o do tronco).

Uma vez que a sequência alterna grupos e segmentos, não há necessidade de pausa entre os exercícios, mas apenas entre as séries do mesmo exercício; enquanto um grupo é trabalhado, os demais se recuperam. Está justamente aí a vantagem dessa estratégia, que confere um grande dinamismo à aula. Além disso, permite realizar um número maior de exercícios em menos tempo.

Localizado por segmento corporal

O método localizado por segmento corporal é composto por uma sequência de exercícios que trabalha o mesmo segmento corporal, podendo solicitar o mesmo grupo muscular ou grupos musculares diferentes. Como a sequência de exercícios trabalha o mesmo segmento, há necessidade de pausa entre um exercício e outro, de modo que não ocorra fadiga muscular. Esse método pode ser divido em: direto, indireto e agonista/antagonista.

Método localizado por segmento corporal direto

A sequência alternada por segmento direto é composta por dois ou três exercícios que solicitam o mesmo grupo muscular. Por exemplo: elevação lateral (ombro/deltoide) e elevação frontal (ombro/deltoide).

Método localizado por segmento corporal indireto

A sequência alternada por segmento indireto é composta por dois ou três exercícios que solicitam o mesmo segmento, mas grupos musculares diferentes. Por exemplo: elevação lateral (ombro/deltoide) e crucifixo (ombro/peitoral).

Método localizado por segmento corporal agonista/antagonista

A sequência agonista/antagonista é composta por dois exercícios que trabalham o mesmo segmento; um deles solicita um músculo agonista, e o outro solicita o músculo oposto, antagonista. Por exemplo: rosca direta (bíceps/cotovelo) e tríceps testa (tríceps/cotovelo).

A desvantagem desse método em relação ao alternado por segmento corporal é que o primeiro requer um tempo maior para a realização do mesmo número de exercícios, uma vez que necessita de pausa entre um e outro.

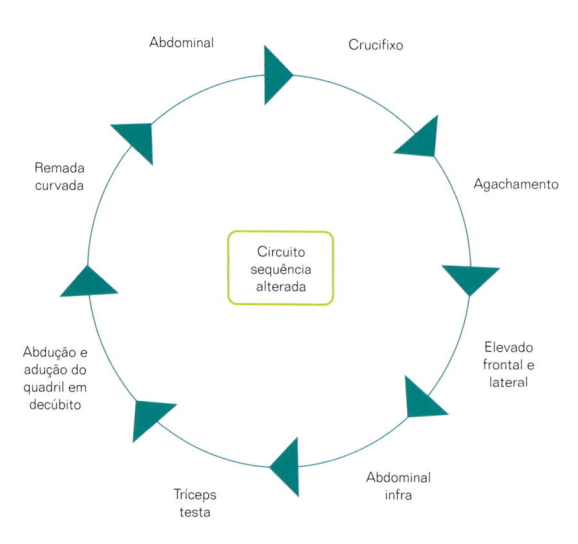

Exercício físico e qualidade de vida

Circuito

O método circuito é composto por uma sequência de exercícios em forma de estações (Figura 6.17). São recomendações e características do circuito:

- O número de estações varia entre 6 e 12 e pode seguir tanto o método alternado por segmento corporal (não há necessidade de pausa entre os exercícios) como o localizado por segmento corporal (há necessidade de pausa de 30 s entre os exercícios);
- A duração de cada estação pode ser determinada por número de repetições (15 a 30) ou por tempo (30 a 60 s);
- Deve-se evitar a seleção de exercícios unilaterais;
- É necessário organizar previamente o material nas estações e distribuí-lo de acordo com o número aproximado de alunos;
- Recomenda-se a passagem pelo circuito no mínimo duas e no máximo três vezes.

Figura 6.17 – Modelo de circuito de efeito localizado.

Métodos para musculação

Os métodos de treinamento de força e de resistência para musculação seguem estratégias semelhantes àquelas dos métodos para ginástica. A diferença está na administração do volume e da intensidade. Os métodos mais utilizados para aumentar a resistência de força do músculo, por exemplo, empregam aumento gradativo no volume (repetições) e menor intensidade (carga); já os métodos para aumentar a força máxima e submáxima empregam elevado número de séries e alta intensidade (carga).

Treinamento voltado à saúde e qualidade de vida

Segundo cientistas da atividade física,[7,30] os métodos de treinamento do EEL voltado à saúde e qualidade de vida requerem uma frequência semanal de três vezes, em dias alternados, a fim de permitir a recuperação muscular.[12] Os métodos mais utilizados são os de adaptação e resistência.

Método de adaptação

Os exercícios são realizados em um baixo volume e uma baixa intensidade, de modo a permitir uma adaptação gradativa dos músculos à nova carga de treinamento, evitando, assim, fadigas musculares.

O treinamento de adaptação envolve basicamente um ou dois exercícios de força para cada grande grupo muscular, como peitorais, dorsais, abdômen e coxa (anterior e posterior).

São recomendadas entre duas e três séries de 10 a 15 repetições, três vezes por semana. A intensidade da carga varia entre 30% e 40% de 1 RM. Além disso, recomenda-se uma sequência de exercícios alternada por segmento corporal realizada, inicialmente, durante um período de um mês.

Treinamento de resistência

Inicia com exercícios para os grandes grupos musculares (primeiro mês) e evolui, a partir do segundo mês, para os grupos menores dos braços e ombros, como deltoide, bíceps e tríceps braquial, além dos glúteos, adutores e tríceps sural.

Após o término do período de adaptação ao treinamento (primeiro mês), existe a necessidade de se realizar um teste de carga máxima (de 1 RM ou de repetições máximas), a fim de que haja ocorra adequação entre repetição e carga (Tabela 6.1).

A frequência semanal recomendada é de três a quatro vezes. Se o aluno optar por treinar quatro dias por semana, deve dividir a série de exercícios em duas (A e B). Cada exercício pode ser realizado em três séries de 15 a 30 repetições. Quanto à intensidade, deve variar entre 40% e 60% de 1 RM. Para realizar aumentos gradativos de carga, é necessária uma reavaliação constante.

Treinamento voltado para a força (hipertrofia)

Os métodos de treinamento de força são aplicados a alunos avançados, uma vez que as cargas de intensidade são iguais ou maiores a 70% de 1 RM. Atualmente, também são aplicados com fins de saúde e estética. Seja como for, há algumas exigências para sua aplicação.

Primeiro, o aluno deve ter passado por um período longo – de, no mínimo, um ano, continuamente – de treinamento progressivo de resistência; isso porque o aparelho locomotor passivo – ossos, tendões, ligamentos e cartilagem – demora mais de seis meses para se adaptar a cargas novas e intensas.[60,61] Segundo, o aluno deve possuir disciplina e grande disponibilidade de tempo para o treinamento, requeridas pelo extenso período de sessão de treino – duas ou mais horas – e pela alta frequência semanal – quatro a cinco dias. Por último, deve haver uma supervisão próxima do professor, tanto em relação à administração das cargas quanto à execução dos exercícios. Uma vez que, em um treinamento de força, o corpo é submetido a situações máximas e submáximas, o descumprimento dessas exigências torna-o muito suscetível a lesões.

Os métodos de treinamento da força se valem de três estratégias principais: a das *séries múltiplas*, que resulta da aplicação de um elevado número de séries – acima de três – para cada exercício (pirâmide, bi-sets, tri-sets e superséries); a das *variações na ordem e no número de exercícios* (tri-sets e superséries); e a das *rotinas divididas por frequência semanal* (pirâmide, tri-sets e superséries), isto é, exercícios para grupos musculares diferentes em dias consecutivos, promovendo 48 horas de recuperação para cada grupo muscular.[30] Desse modo, é necessário explicar os métodos pirâmide, tri-sets e superséries.

Pirâmide

É o método mais utilizado para variação das séries; o número de repetições é reduzido, e a intensidade (carga) é elevada a cada série (Figura 6.18).

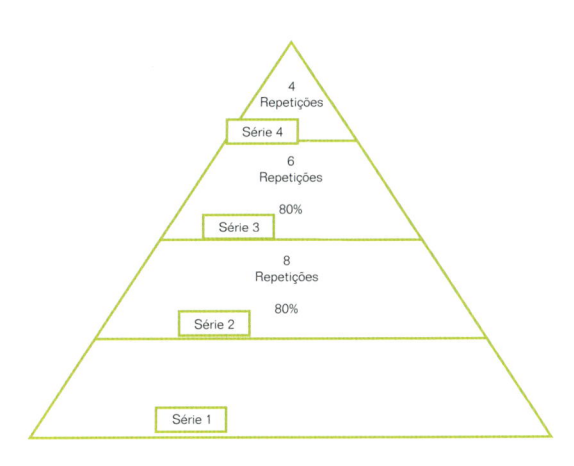

Figura 6.18 – Exemplo de aplicação de carga segundo o método de pirâmide.

Tri-sets

O método tri-sets propõe a realização de sequências de dois a três exercícios para cada grupo muscular, com pouca ou nenhuma pausa entre eles. O número de séries é alto – acima de três. O intuito é realizar séries compostas e, assim, fatigar o músculo-alvo.

Superséries

Utiliza o princípio da sequência agonista/antagonista. Por exemplo: exercício para o quadríceps (quatro séries) seguido imediatamente por exercício para os isquiotibiais.

Descrição de exercícios de efeito localizado

A variedade de EEL para ginástica e para musculação é extensa. Há livros específicos de descrição de exercícios, e cada autor os seleciona conforme os aspectos anatômicos e conforme sua experiência prática.

Neste capítulo, foram selecionados os exercícios de ginástica e musculação mais utilizados para fins de saúde. O modelo de descrição proposto é sucinto e objetivo, mas sem deixar de ser técnico. Primeiro, são demonstradas visualmente as fases concêntrica e excêntrica do exercício (tratado por seu nome popular) e indicados o(s) músculo(s)-alvo(s). Na sequência, são descritas a posição inicial e a execução do movimento a partir do movimento articular realizado.

Exercícios de força com máquina

Supino máquina

Músculo-alvo

Peitoral maior.

Posição inicial

Sentado, com os ombros flexionados e as mãos no apoio da máquina.

Execução

Abdução e adução do ombro no plano horizontal, mais flexão e extensão do cotovelo (Figura 6.19).

Figura 6.19 – Supino máquina.

Peck deck

Músculo-alvo

Peitoral.

Posição inicial

Sentado, com os ombros em abdução e com os cotovelos flexionados, apoiados na máquina.

Execução

Abdução e adução do ombro no plano horizontal (Figura 6.20).

Figura 6.20 – *Peck deck*.

Rosca scot

Músculo-alvo

Bíceps braquial.

Posição inicial

Sentado, ombros flexionados com rotação medial e mãos segurando o apoio.

Execução

Flexão e extensão do cotovelo (Figura 6.21).

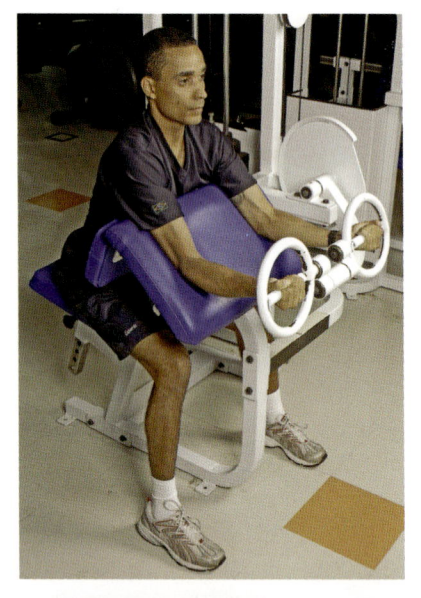

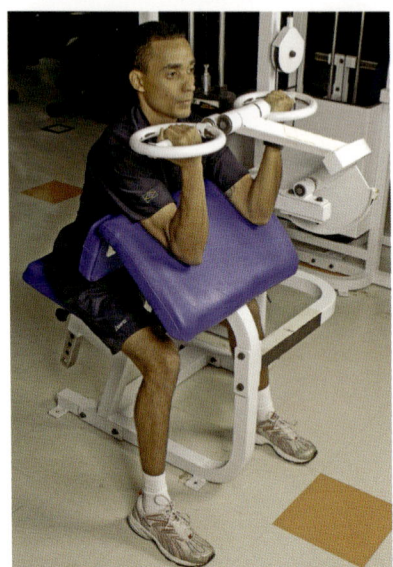

Figura 6.21 – Rosca *scot*.

Pulley costas

Músculo-alvo

Grande dorsal.

Posição inicial

Sentado, com os ombros flexionados e as mãos na barra.

Execução

Abdução e adução das escápulas e flexão e extensão dos cotovelos (Figura 6.22).

Figura 6.22 – *Pulley* costas.

Desenvolvimento

Músculo-alvo

Deltoide.

Posição inicial

Sentado, com os ombros e cotovelos flexionados e as mãos segurando o apoio.

Execução

Abdução e adução das escápulas e flexão e extensão dos cotovelos (Figura 6.23).

Figura 6.23 – Desenvolvimento.

Tríceps pulley

Músculo-alvo

Tríceps braquial.

Posição inicial

Em pé, com afastamento médio dos pés, cotovelos flexionados e mãos segurando a barra.

Execução

Flexão e extensão dos cotovelos (Figura 6.24).

Figura 6.24 – Tríceps *pulley*.

Remada

Músculo-alvo

Grande dorsal.

Posição inicial

Sentado, com os ombros flexionados e as mãos segurando o apoio.

Execução

Flexão e extensão dos ombros para a remada fechada. Abdução e adução dos ombros no plano horizontal para a remada aberta e flexão e extensão dos cotovelos (Figura 6.25).

Figura 6.25 – Remada.

Abdominal

Músculo-alvo

Abdômen.

Posição inicial

Sentado, tórax e mãos no apoio.

Execução

Flexão e extensão do tronco (Figura 6.26).

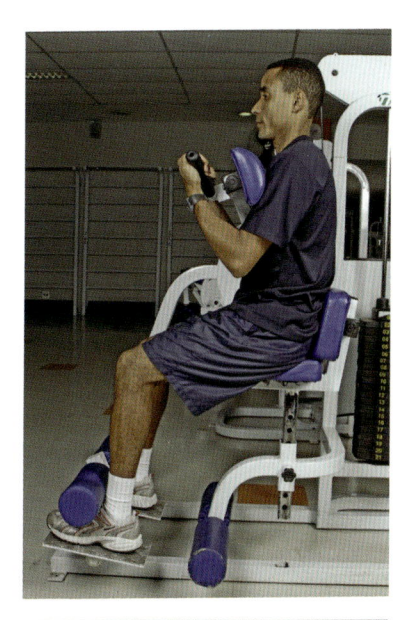

Figura 6.26 – Abdominal.

Extensora

Músculo-alvo

Quadríceps.

Posição inicial

Sentado, com os joelhos flexionados e apoiados, assim como as mãos.

Execução

Extensão e flexão dos joelhos (Figura 6.27).

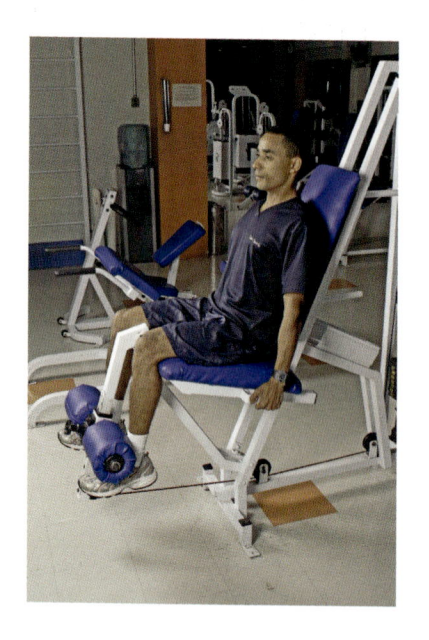

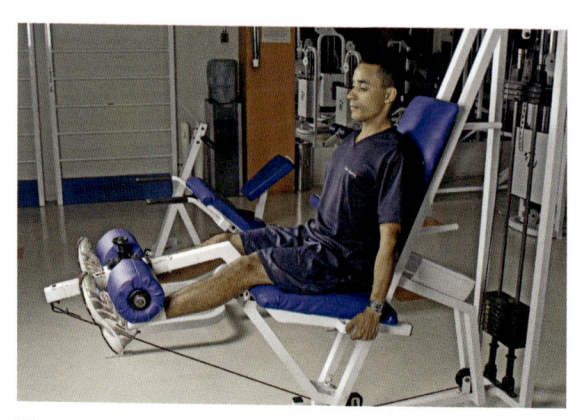

Figura 6.27 – Extensora.

Leg press

Músculo-alvo

Quadríceps.

Posição inicial

Sentado, com os pés e as mãos no apoio e com os quadris e joelhos flexionados.

Execução

Flexão e extensão de joelhos e quadris (Figura 6.28).

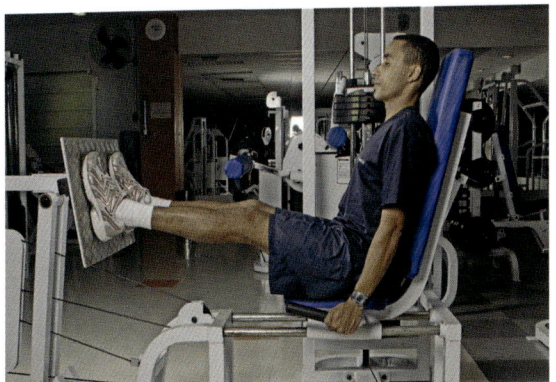

Figura 6.28 – *Leg press*.

Adutora

Músculo-alvo

Adutores.

Posição inicial

Sentado, com os joelhos flexionados e com as pernas, os pés e as mãos nos apoios.

Execução

Adução e abdução dos quadris (Figura 6.29).

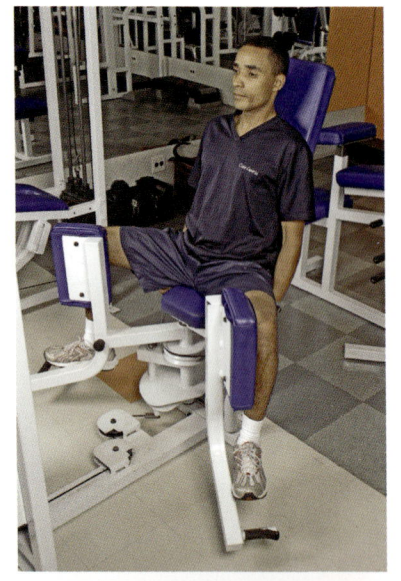

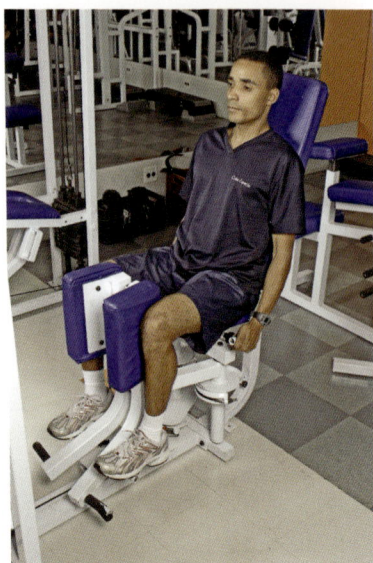

Figura 6.29 – Adutora.

Abdutora

Músculo-alvo

Glúteo médio.

Posição inicial

Sentado, com os joelhos flexionados e com as pernas, os pés e as mãos nos apoios.

Execução

Abdução e adução dos quadris (Figura 6.30).

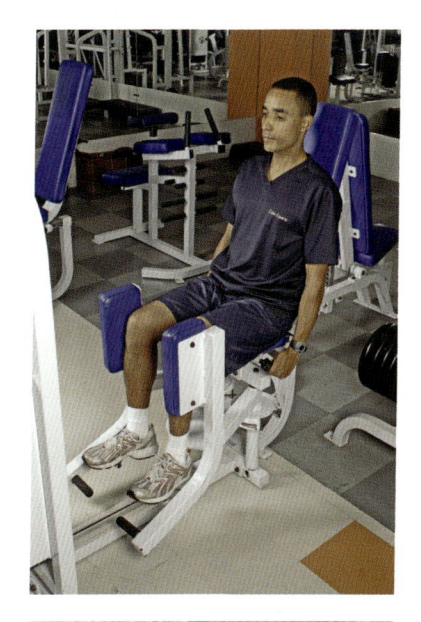

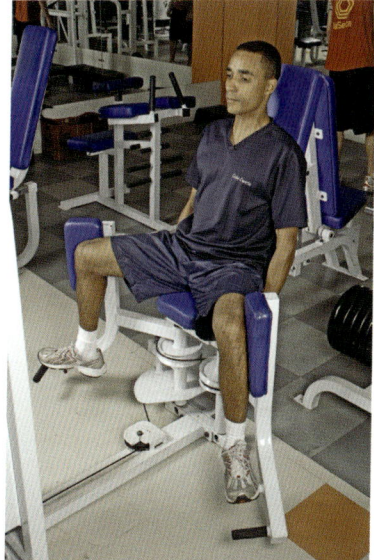

Figura 6.30 – Abdutora.

Flexora

Músculo-alvo

Bíceps femoral.

Posição inicial

Decúbito ventral, com as mãos e os pés nos apoios.

Execução

Flexão e extensão dos joelhos (Figura 6.31).

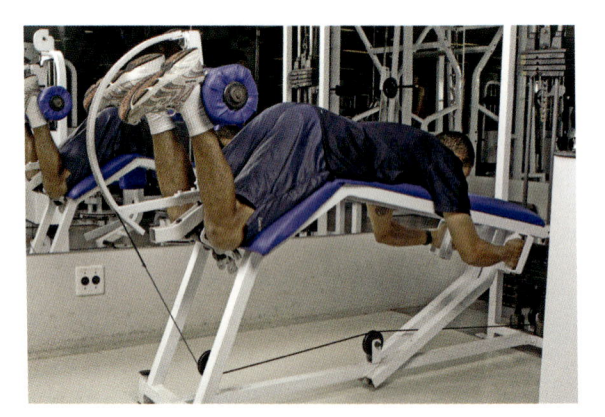

Figura 6.31 – Flexora.

Gêmeos na posição sentada

Músculo-alvo

Tríceps sural.

Posição inicial

Sentado, com os joelhos flexionados e com os pés e as mãos nos apoios.

Execução

Flexão e extensão plantar (Figura 6.32).

Figura 6.32 – Gêmeos na posição sentada.

Exercícios livres de força e de ginástica localizada

Supino

Músculo-alvo

Peitoral.

Posição inicial

Em decúbito dorsal sobre o banco, com os ombros flexionados, segurando o peso, e com os pés no solo.

Execução

Abdução e adução dos ombros no plano horizontal e flexão e extensão dos cotovelos (Figura 6.33).

Figura 6.33 – Supino.

Agachamento aberto

Músculo-alvo

Quadríceps.

Posição inicial

Em pé, com afastamento lateral médio dos pés e com as mãos sobre o bastão.

Execução

Flexão e extensão dos quadris e dos joelhos (Figura 6.34).

Figura 6.34 – Agachamento aberto.

Agachamento fechado

Músculo-alvo

Glúteo máximo.

Posição inicial

Em pé, com pequeno afastamento lateral dos pés e com as mãos sobre um bastão.

Execução

Flexão e extensão dos quadris, com os joelhos projetando os quadris para trás (Figura 6.35).

Figura 6.35 – Agachamento fechado.

Desenvolvimento

Músculo-alvo

Deltoide.

Posição inicial

Em pé, com pequeno afastamento lateral dos pés, com os ombros em abdução e os cotovelos flexionados e com as mãos segurando pesos ou o bastão.

Execução

Abdução e adução das escápulas e flexão e extensão dos cotovelos (Figura 6.36).

Figura 6.36 – Desenvolvimento.

Rosca direta

Músculo-alvo

Bíceps braquial.

Posição inicial

Em pé, com pequeno afastamento lateral dos pés e com as mãos à frente do corpo segurando os pesos.

Execução

Flexão e extensão dos cotovelos (Figura 6.37).

Figura 6.37 – Rosca direta.

Elevação frontal

Músculo-alvo

Deltoide.

Posição inicial

Em pé, com pequeno afastamento lateral dos pés e com as mãos à frente do corpo segurando os pesos.

Execução

Flexão e extensão dos ombros (Figura 6.38).

Figura 6.38 – Elevação frontal.

Afundo

Músculo-alvo

Quadríceps.

Posição inicial

Em pé, com médio afastamento ante-roposterior dos pés e com as mãos na cintura ou segurando pesos.

Execução

Flexão e extensão unilateral do quadril e do joelho (Figura 6.39).

Figura 6.39 – Afundo.

Abdominal 45°

Músculo-alvo

Reto abdômen.

Posição inicial

Em decúbito dorsal, com as mãos na cabeça, com os joelhos flexionados e com os pés no solo.

Execução

Flexão e extensão do tronco (Figura 6.40).

Figura 6.40 – Abdominal 45°.

Oblíquo

Músculo-alvo

Abdômen oblíquo.

Posição inicial

Em decúbito dorsal, com uma das mãos na cabeça e a outra no solo, com os joelhos flexionados, com o pé no solo e com o tornozelo contrário sobre o joelho.

Execução

Flexão, rotação e extensão do tronco (Figura 6.41).

Figura 6.41 – Oblíquo.

Infra

Músculo-alvo

Reto abdômen.

Posição inicial

Em decúbito dorsal, com os quadris flexionados, com os pés cruzados no alto e com as mãos no solo.

Execução

Flexão do quadril e retorno à posição inicial (Figura 6.42).

Figura 6.42 – Infra.

Suprainfra

Músculo-alvo

Reto abdômen.

Posição inicial

Em decúbito dorsal, com as mãos na cabeça, com os quadris flexionados e com os pés para o alto.

Execução

Flexão simultânea de tronco, quadris e joelhos (Figura 6.43).

Figura 6.43 – Suprainfra.

Crucifixo

Músculo-alvo

Peitoral.

Posição inicial

Em decúbito dorsal, com os ombros e joelhos flexionados e com os pés no solo.

Execução

Abdução e adução dos ombros no plano horizontal (Figura 6.44).

Figura 6.44 – Crucifixo.

Tríceps testa

Músculo-alvo

Tríceps braquial.

Posição inicial

Em decúbito dorsal, com os ombros, cotovelos e joelhos flexionados e com os pés no solo.

Execução

Extensão e flexão dos cotovelos (Figura 6.45).

Figura 6.45 – Tríceps testa.

Quatro apoios

Músculo-alvo

Glúteo máximo.

Posição inicial

Ajoelhado, com os cotovelos, as mãos e os pés no solo.

Execução

Extensão e flexão unilateral do quadril (Figura 6.46).

Figura 6.46 – Quatro apoios.

Remada curvada

Músculo-alvo

Grande dorsal.

Posição inicial

Em pé, com médio afastamento lateral dos pés, com flexão dos ombros e com pequena flexão do quadril, projetando o tronco para frente.

Execução

Abdução e adução dos ombros e flexão e extensão dos cotovelos (Figura 6.47).

Figura 6.47 – Remada curvada.

Elevação de perna

Músculo-alvo

Glúteo médio.

Posição inicial

Em decúbito lateral, com uma das mãos na cabeça e a outra no solo, à frente do corpo, e com pequena flexão dos quadris e dos joelhos.

Execução

Abdução e adução unilateral do quadril (Figura 6.48).

Figura 6.48 – Elevação de perna.

Resumo

- Para a avaliação da capacidade de força, existem equipamentos de muita precisão, como as plataformas, os tensiômetros e as máquinas isocinéticas; no entanto, são de difícil aplicabilidade e alto custo. Dessa forma, os testes indiretos para avaliação da força e da resistência, como o teste de apoio, de sentar e levantar da cadeira, de carga máxima e abdominal, são os mais indicados para o controle e a prescrição do treinamento da capacidade de força.

- O EEL tem como objetivo desenvolver a força e a resistência muscular localizada. A força é a capacidade do músculo de realizar tensão contra uma resistência, e a resistência muscular localizada é a capacidade do músculo de realizar um elevado número de repetições do mesmo movimento na menor condição de fadiga possível. O EEL fortalece, além dos músculos, ossos, tendões e ligamentos. Também atua na preservação da integridade musculotendinosa, diminuindo o risco de lesão e ajudando na prevenção de doenças e distúrbios, como artrite, artrose, dor lombar e miosite; melhora a postura corporal e a capacidade de realizar as atividades da vida diária; estimula a distribuição equilibrada da composição corporal, melhorando a aparência e a autoestima.

- A capacidade de força é determinada por fatores como as condições de hipertrofia e de atrofia muscular, o tamanho do músculo, os tipos de fibra muscular, a eficiência neuromuscular e os aspectos biomecânicos. A força classifica-se em estática, que ocorre por contração muscular isométrica, e dinâmica, que ocorre por contração muscular isotônica concêntrica e excêntrica. Os exercícios de força dinâmicos são realizados de forma concêntrica (positiva), a partir da aproximação dos feixes musculares, e de forma excêntrica (negativa), a partir do afastamento entre os feixes musculares.

- As modalidades do EEL de ginástica e de musculação são as mais populares para o desenvolvimento da capacidade de força. Nas modalidades de ginástica e musculação com pesos livres, como a ginástica localizada, o *gap* e a hidrolocal, por exemplo, a escolha dos exercícios é feita a partir da observação de aspectos biomecânicos, ou seja, os exercícios devem ser preferencialmente realizados contra a ação da gravidade e utilizar os sistemas de alavancas no controle da intensidade, considerando que ela é reduzida quando se diminui a distância entre o braço de potência e o braço de resistência. As máquinas de musculação já são elaboradas considerando-se a ação da gravidade e a atuação da força e dos princípios biomecânicos.
- O volume de treinamento do EEL com fins de saúde, seja de ginástica ou musculação com máquinas, deve ser de duas a três séries de 15 a 30 repetições, entre três e cinco vezes semanais. Deve, também, solicitar preferencialmente os grandes grupos musculares. Já a intensidade mais comum com fins de saúde varia entre 40% e 60% de 1 RM.
- O treinamento da capacidade de força e de resistência é composto por exercícios que podem ser organizados em sequências denominadas métodos de treinamento. Os métodos mais seguros com fins de saúde são o de adaptação – para os iniciantes – e o de resistência. Especificamente para alunos avançados e que têm como objetivo também a hipertrofia muscular, os métodos organizam-se a partir de superséries, sequências fatigantes e rotinas alternadas de dias (pirâmide, bi-sets e tri-sets).
- O EEL deve ser organizado considerando-se as fases concêntrica e excêntrica do movimento, o músculo-alvo, a posição inicial e a execução dos movimentos articulares. Pode ser realizado de forma livre (ginástica e musculação) ou com máquinas (musculação).

Capítulo 7

Esfriamento e flexibilidade

O esfriamento tem por objetivo conduzir o corpo a um estado de relaxamento muscular na parte final da aula, promovendo, assim, um bem-estar físico e mental. Entre os exercícios de esfriamento, há aqueles que, além de promover tal bem-estar, aumentam a capacidade de flexibilidade. Antes de expormos as orientações para a prescrição desses exercícios, faz-se necessário descrever os procedimentos dos testes que avaliam o grau de diferentes amplitudes articulares.

Avaliação da flexibilidade

Existem inúmeros testes e equipamentos – como o goniômetro e o flexímetro – que avaliam a capacidade motora de flexibilidade. Neste capítulo, serão descritos os testes de fácil aplicabilidade e baixo custo.

Flexiteste adaptado[5]

Objetivo

Medir subjetivamente a amplitude articular de diferentes articulações sinoviais.

Material

Desenhos comparativos das possibilidades de amplitude articular de cada região corporal.

Procedimento

Este teste foi inicialmente elaborado para avaliar a flexibilidade de atletas de natação e dava conta de vinte movimentos articulares. Posteriormente, foi adaptado a fim de ser aplicado a programas de condicionamento físico voltados à saúde, e foram selecionados apenas oito movimentos, relativos a três articulações:

- Articulação do quadril: flexão do quadril (Figura 7.1); extensão do quadril (Figura 7.2); e abdução do quadril (Figura 7.3).
- Articulação do tronco: flexão do tronco (Figura 7.4); e flexão lateral do tronco (Figura 7.5).
- Articulação do ombro: extensão e abdução posterior do ombro (Figura 7.6); adução posterior a partir da abdução de 180° do ombro (Figura 7.7); e extensão posterior do ombro (Figura 7.8).

Um aquecimento leve deve ser feito antes da aplicação do teste. Depois, o avaliador explica o movimento a ser realizado pelo avaliado conforme o desenho demonstrativo. De modo a auxiliar, o avaliador realiza um alongamento passivo na re-

gião avaliada e, conforme a amplitude alcançada, atribui subjetivamente uma classificação numérica, que varia de 0 a 4, para cada um dos movimentos; deve ser cuidadoso quanto à pressão articular exercida, evitando causar uma lesão.

Mapas de avaliação

Movimento I

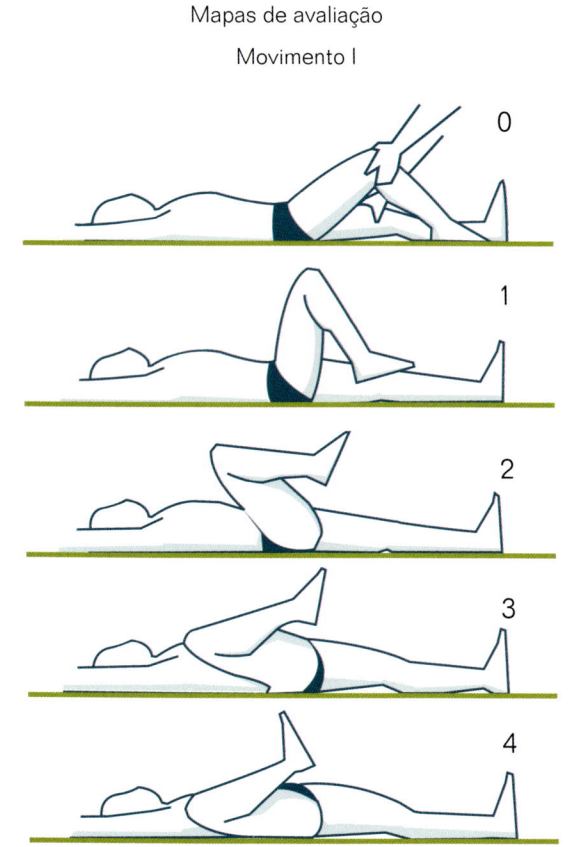

Figura 7.1 – Flexão do quadril.

Movimento II

Movimento III

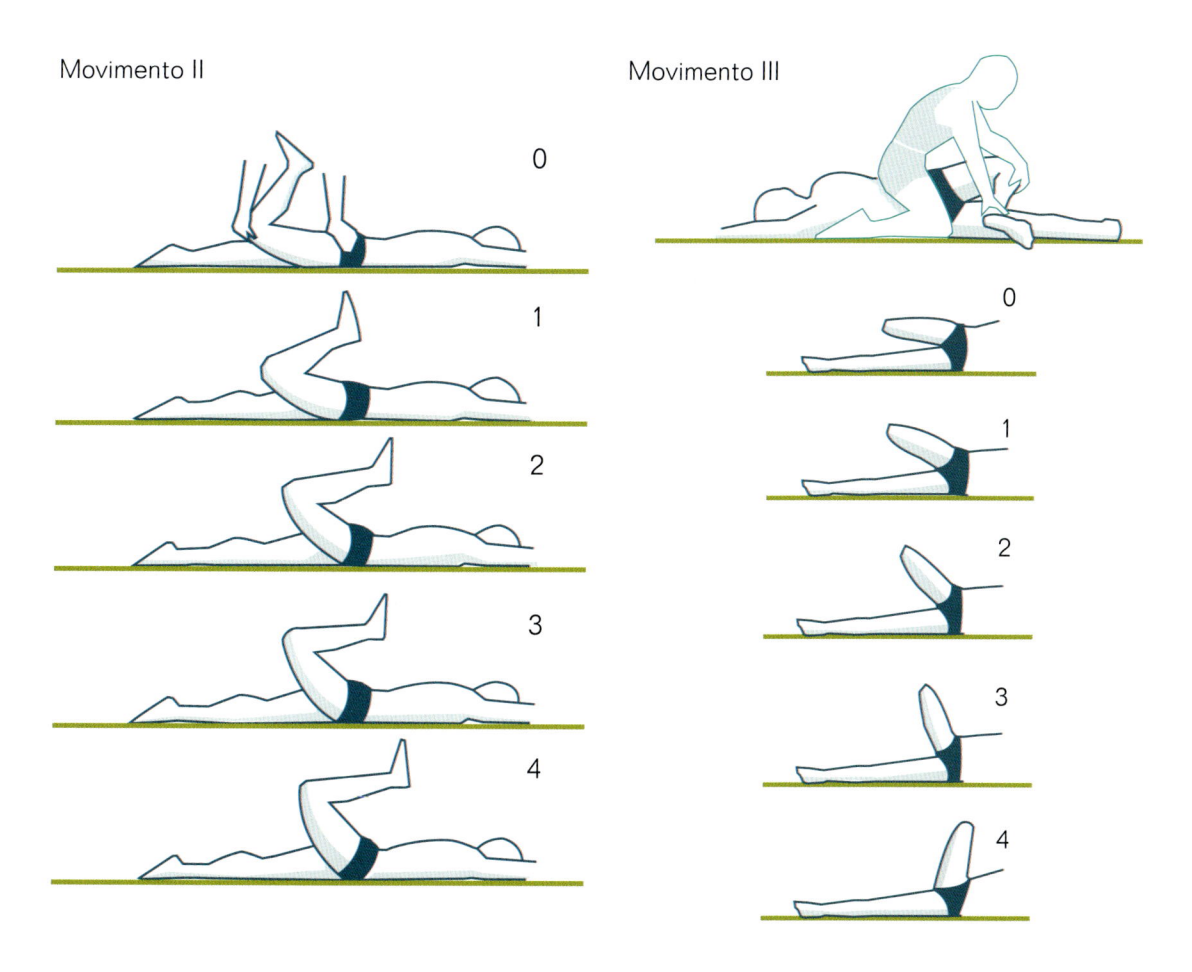

Figura 7.2 – Extensão do quadril.

Figura 7.3 – Abdução do quadril.

Movimento IV

Movimento V

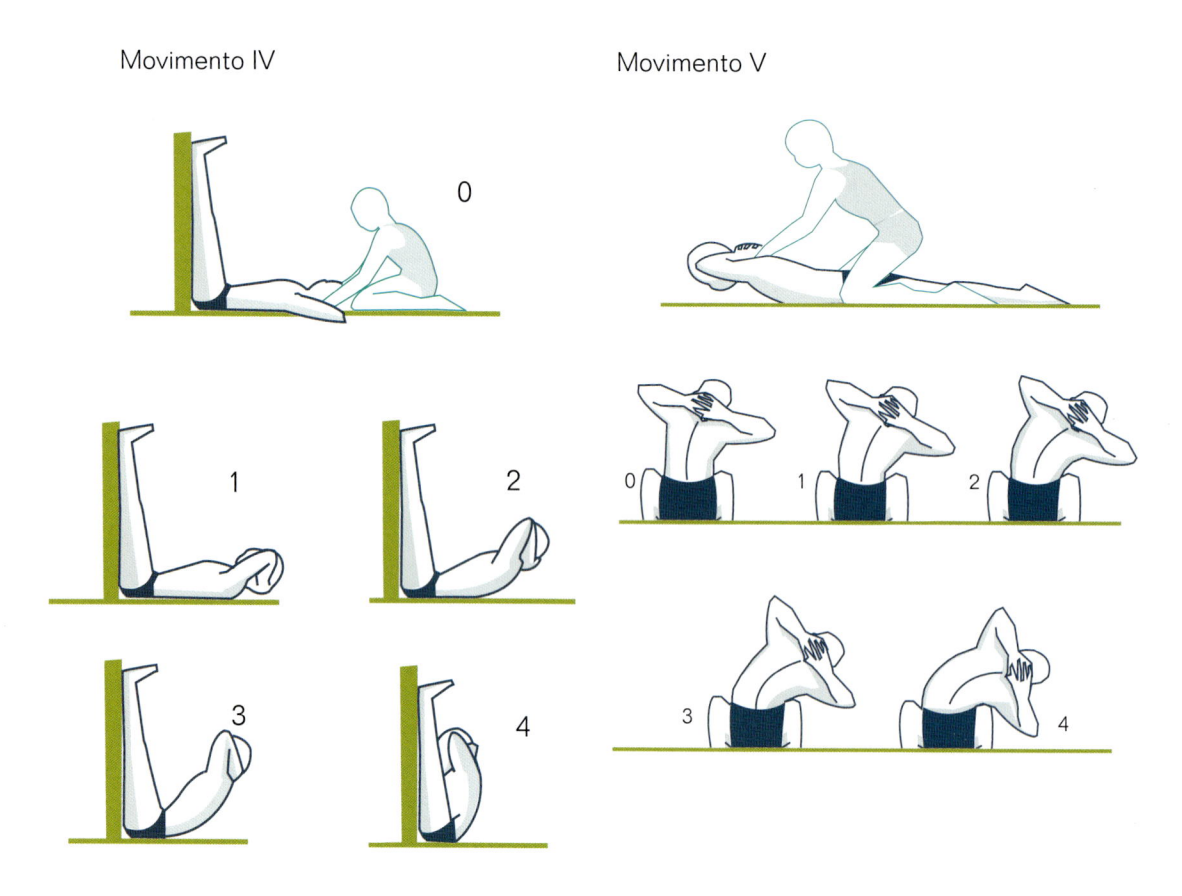

Figura 7.4 – Flexão do tronco.

Figura 7.5 – Flexão lateral do tronco.

Movimento VI

Movimento VII

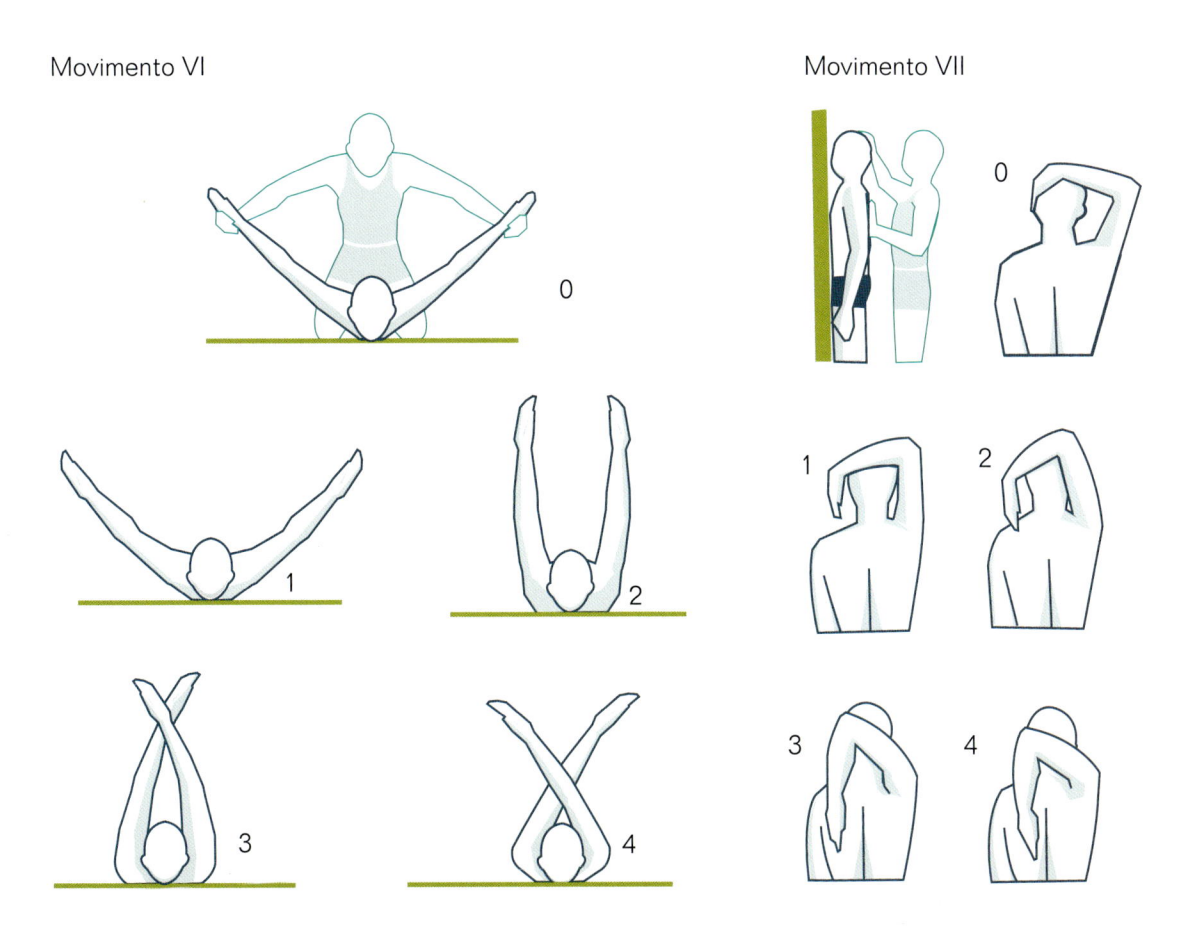

Figura 7.6 – Extensão e abdução posterior do ombro.

Figura 7.7 – Adução posterior a partir da abdução de 180° do ombro.

Movimento VIII

Figura 7.8 – Extensão posterior do ombro.

Resultado

Registrar os resultados numéricos de cada região avaliada e somá-los, analisando-os, posteriormente, com base na classificação proposta pelos autores do teste (Tabela 7.1).

Tabela 7.1 – Flexíndice adaptado

Classificação da Flexibilidade	Somatório de pontos
Muito pequena	≤ 8
Pequena	9–12
Média (-)	13–16
Média (+)	17–20
Grande	21–24
Muito grande	≥ 25

Sentar e alcançar[37]

Objetivo

Medir a flexibilidade das regiões do tronco e do quadril.

Materiais

Banco de Wells e colchonete.

Procedimento

O avaliado deve estar sentado, com os joelhos estendidos e apoiando os pés (descalços) no banco de Wells. Na sequência, deve flexionar os ombros, posicionando uma mão sobre a outra. Ao sinal do avaliador, o avaliado flexiona o quadril e o tronco, deslizando as mãos sobre a escala, com o objetivo de atingir o máximo alcance possível sem flexionar os joelhos. Depois, retorna à posição inicial e repete duas vezes o movimento (Figura 7.9).

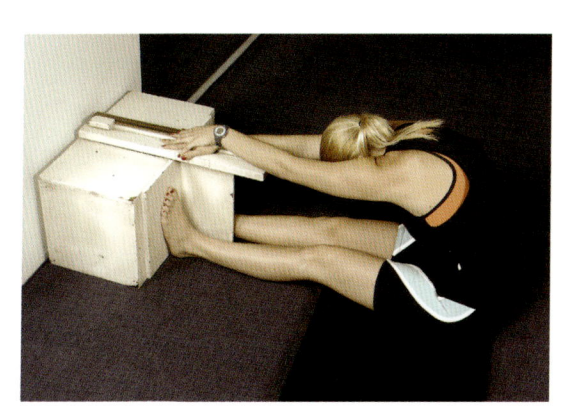

Figura 7.9 – Execução do teste de sentar e alcançar.

Resultado

Registrar, em centímetros, o melhor resultado obtido em três tentativas.

Esfriamento

Após uma sessão de condicionamento físico, é essencial que haja um período de volta à calma. A fase final da aula deve promover o esfriamento do corpo e o retorno a um estado de repouso, durando de 5 a 15 min.

Com frequência, os programas de atividade física voltados à saúde valorizam as fases de aquecimento e principal (EEG ou EEL) e ignoram o esfriamento. No entanto, a experiência e a observação indicam que a realização de um relaxamento muscular alternado com exercícios de alongamento na fase final da sessão de treinamento reduz a ocorrência de dores musculares.[59]

Conceito de flexibilidade

Flexibilidade é a capacidade de movimentar uma articulação ou série de articulações com uniformidade e facilidade, por meio de toda a amplitude de movimento.[4]

Distúrbios associados à falta de capacidade de flexibilidade

Os principais distúrbios musculoesqueléticos estão associados tanto ao enfraquecimento muscular (força) como à falta de mobilidade articular (flexibilidade). A falta de flexibilidade aumenta o risco de ocorrência de lesões musculares, como, por exemplo, nas situações em que um movimento de muita amplitude articular for realizado repentinamente.[65] Além disso, resulta em movimentos descoordenados ou desajeitados, o que também predispõe o indivíduo a lesões musculares.

De particular importância é a manutenção da flexibilidade na região lombossacra e nas regiões musculares posteriores, como dorsais e isqueotibiais. A falta de flexibilidade nas articulações do quadril e tronco pode estar associada a um maior risco de surgimento de lombalgia crônica.[7,56]

Durante o processo de envelhecimento, a falta de flexibilidade pode acarretar limitação dos movimentos da vida diária, além de provocar dores e inflamações nas articulações. Os idosos sedentários possuem uma maior propensão a problemas osteoarticulares, como artrites, artroses e osteoporose.[56,65]

A falta de flexibilidade também está relacionada a lesões ocasionadas por esforços repetitivos (LER) no ambiente de trabalho. Os principais programas de ginástica laboral utilizam os exercícios de alongamento para evitar e minimizar tais lesões. Uma pesquisa realizada pela Universidade de Brasília[58] indicou que o principal problema de saúde que provoca o afastamento do trabalhador no Brasil são as dores na região dorsal com limitação de movimento da região cervical (causa de 38% dos afastamentos). Essa situação é decorrente da inatividade física, da falta de postura adequada e do excesso de horas realizando atividades intelectuais.

Benefícios do desenvolvimento da flexibilidade

A boa flexibilidade é essencial para o bom desempenho físico, tanto em uma atividade física estruturada como nas atividades físicas da vida diária. A manutenção de uma boa capacidade de flexibilidade também é importante para a prevenção de lesões da unidade musculotendinosa. Por isso, os exercícios de alongamento e flexibilidade devem fazer parte de um programa de condicionamento voltado à saúde.[65]

A flexibilidade é uma capacidade motora que pode ser discutida em relação aos movimentos que envolvem apenas uma articulação, como dos joelhos, ou àqueles que envolvem uma série de articulações, como da coluna vertebral, cuja flexão/extensão ou rotação do tronco se dão pelo movimento conjunto de todas as articulações.

Dessa forma, podemos listar como objetivos da fase de esfriamento, composta por exercícios de alongamento, entre outros:[40,56,65]

- Promover o relaxamento muscular;
- Aumentar a capacidade de flexibilidade;
- Promover um ajuste postural;
- Evitar lesões musculares e distúrbios musculoesqueléticos;
- Promover movimentos mais coordenados, exigindo, assim, um menor desgaste energético;
- Promover um estado de relaxamento corporal total.

Fatores limitantes da flexibilidade

Inúmeros fatores podem limitar a capacidade de uma articulação de movimentar-se por meio de uma amplitude de forma plena e irrestrita. Existem os fatores intrínsecos, ou seja, aqueles cuja limitação do movimento se dá pela própria condição física do indivíduo, como sua estrutura óssea ou volume muscular, e os extrínsecos, relacionados a condições ambientais, como a hora do dia e a temperatura.

Fatores intrínsecos

Entre os principais fatores intrínsecos limitantes da flexibilidade, temos: a estrutura muscular, a superfície articular e estrutura óssea, a idade e o sexo.[1,16,40]

Estrutura muscular

A quantidade de massa corporal magra e gorda pode afetar o grau de amplitude articular. Indivíduos com músculos hipertrofiados ou com quantidade excessiva de gordura subcutânea podem apresentar níveis inferiores de flexibilidade. Isso porque, nessas pessoas, as partes contínuas do corpo entram em contato umas com as outras mais depressa do que nas pessoas cujos membros e tronco são menores. Tal fato não indica que todos nessa condição de hipertrofia ou excesso de gordura possuam menor nível de flexibilidade, mas que estão mais predispostos a tanto.

Superfície articular e estrutura óssea

A superfície articular e a estrutura óssea podem restringir o ponto terminal da amplitude de movimento de uma articulação. As proeminências ósseas interrompem os movimentos nos pontos terminais normais de uma amplitude articular. Já o tecido conjuntivo que circunda a articulação, como os ligamentos, possui alguma elasticidade. A rigidez das estruturas de tecido mole, como músculos, tendões e ligamentos, é a principal causa de limitação das flexibilidades estática e dinâmica.

Idade

Na infância, a rigidez das estruturas de tecido mole é menor e independe do sexo. No início da puberdade, começam as diferenciações das capacidades motoras, incluindo a flexibilidade, de acordo com o sexo. Na fase adulta, o declínio da atividade física regular e, depois, o início do processo de envelhecimento e as condições artríticas típicas dessa fase são os principais fatores que afetam a flexibilidade, diminuindo-a.

Com o processo de envelhecimento, o número de células de tendões, ligamentos e fáscia diminui, levando a uma perda de mucopolissacarídeos, água e fibras elásticas. O treinamento das capacidades de força e flexibilidade não evita tal situação degenerativa, determinada fisiologicamente pela idade, mas pode retardá-la e torná-la menos intensa.

Sexo

Pesquisas indicam que, durante a infância, antes da puberdade, não existem diferenças representativas entre os sexos quanto às capacidades motoras, inclusive da flexibilidade. Na fase inicial da puberdade, o crescimento acelerado das estruturas ósseas leva a uma rigidez acentuada das estruturas de tecido mole, principalmente no sexo masculino, com relação ao qual, junto com o crescimento somático, ocorre também um aumento acentuado do tecido muscular. Durante a fase do pico de estirão de crescimento, a capacidade de flexibilidade diminui bastante para ambos os sexos. Mas, na fase seguinte, a adolescência, na qual o crescimento é mais lento, começa um processo de diferenciação da flexibilidade; a partir daí, há predisposição a um menor nível de flexibilidade para o sexo masculino em relação ao feminino. Isso é normalmente atribuído às diferenças da estrutura pélvica e aos hormônios que podem afetar a lassidão do tecido conjuntivo.[4,45]

Fatores extrínsecos

Entre os principais fatores extrínsecos ou ambientais limitantes da flexibilidade, temos: a hora do dia, o aquecimento corporal e a temperatura ambiente, a realização do treinamento de flexibilidade após o treinamento de força de alta intensidade e o treinamento de flexibilidade com cansaço e dor muscular tardia.

Hora do dia

No início da manhã, por causa da viscosidade muscular e articular, há maior limitação nos exercícios de flexibilidade. Por isso, recomenda-se sua prática depois de um período longo de aquecimento ou depois do meio-dia.

Aquecimento corporal e temperatura ambiente

O aquecimento corporal é necessário antes do treinamento de qualquer capacidade. Aquecer músculos e articulações aumenta em aproximadamente 20% o nível de flexibilidade. Dessa forma, antes do treinamento – e também da avaliação da flexibilidade –, faz-se necessária uma padronização do aquecimento, tanto para evitar possíveis lesões quanto para otimizar os resultados de um teste específico.

Nos dias de baixa temperatura, o aquecimento corporal ocorre de forma mais lenta, e a viscosidade muscular e articular é maior. Assim, recomenda-se um período de aquecimento mais prolongado antes do treinamento de flexibilidade nesses dias.

Treinamento de flexibilidade após treinamento de força de alta intensidade

O treinamento de força de alta intensidade implica uma solicitação muscular acentuada das estruturas dos tecidos moles, levando os músculos a um estado de rigidez que demora horas para aplacar. Os exercícios de alongamento para aumento da flexibilidade, por sua vez, são constituídos por movimentos que necessitam de elasticidade muscular. Por isso, músculos em estado de rigidez pós-treino de força se tornam mais suscetíveis a lesões se forem estirados em situações de treinamento de flexibilidade. Ademais, nessas condições, o treinamento de flexibilidade tem menos efeito. Assim, recomenda-se ou que o treinamento de flexibilidade seja feito antes do treinamento de força de alta intensidade ou que sejam feitos em dias diferentes, de modo que o rendimento de uma capacidade não interfira no de outra.

Treinamento de flexibilidade com cansaço e dor muscular tardia

O início de novos programas de treinamento físico pode provocar adaptações e, consequentemente, dores musculares tardias. O excesso de certa atividade física, dado pela quantidade de exercícios ou de dias em que é praticada, pode provocar fadiga e dor muscular. Se os músculos se encontram nessa condição, o treinamento de flexibilidade deve ser evitado, uma vez que aumenta a dor e o risco de lesão.

Quando houver dor muscular, é recomendada uma pausa nos exercícios ou, então, a realização de exercícios de recuperação muscular, como aqueles de efeito geral de baixo volume e intensidade.

Neurofisiologia da flexibilidade

A base neurofisiológica da flexibilidade é o reflexo de alongamento. Cada músculo do corpo contém microrreceptores que, quando estimulados, informam o sistema nervoso central do que está acontecendo com esse músculo. Desses receptores, os fusos musculares e os órgãos tendinosos de Golgi são especialmente importantes para o reflexo de alongamento; eles são sensíveis às mudanças no comprimento do músculo. Os órgãos tendinosos de Golgi também são afetados por modificações na tensão muscular.

Quando um músculo é alongado, os fusos musculares também são, enviando uma avalanche de impulsos sensoriais à medula espinhal, que informa o sistema nervoso central de que o músculo está sendo alongado. Os impulsos retornam ao músculo a partir da medula espinhal, o que o induz a contrair-se reflexivamente, resistindo, assim, ao alongamento.[48] Se o alongamento do músculo se dá por um longo período de tempo (pelo menos 6 s), os órgãos tendinosos de Golgi respondem a essa mudança no comprimento e no aumento da tensão, enviando seu próprio impulso para a medula espinhal. Os impulsos provenientes dos órgãos tendinosos de Golgi, diferentemente dos sinais provenientes do fuso muscular, acarretam um relaxamento reflexo do músculo antagonista. Esse relaxamento reflexo funciona como um mecanismo protetor que permitirá ao músculo ser alongado durante o relaxamento antes de serem ultrapassados os limites de extensibilidade, o que resultaria em danos às fibras musculares (Figura 7.10).[48]

Corte transversal da medula espinhal

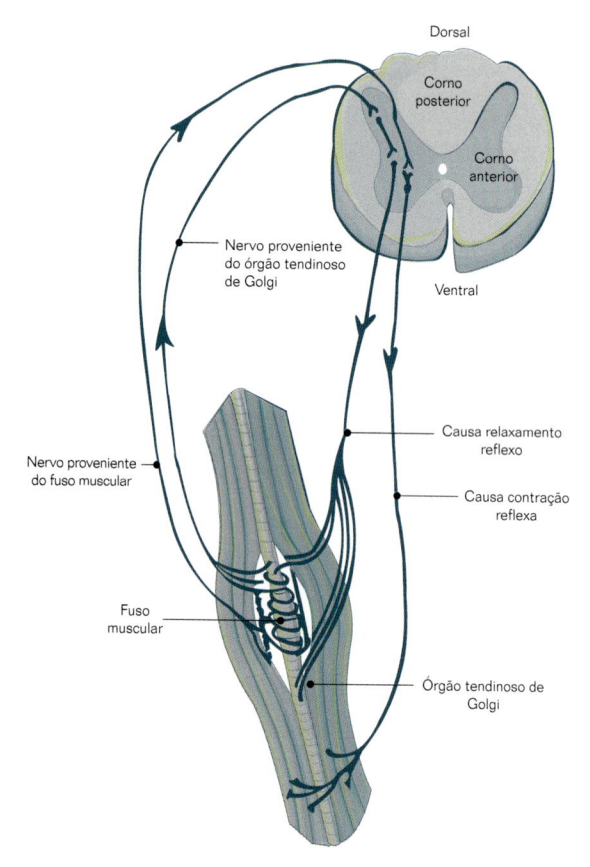

Figura 7.10 – Corte transversal da medula espinhal e o mecanismo proprioceptivo.

Prescrição do treinamento da flexibilidade

Meios e métodos de desenvolvimento da flexibilidade

Os meios ou exercícios de desenvolvimento da capacidade de flexibilidade têm por objetivo aprimorar a amplitude do movimento de determinada articulação por meio da modificação da extensibilidade das unidades musculotendinosas que produzem o movimento nessa articulação.

As técnicas de alongamento são: o alongamento dinâmico, ou balístico, que utiliza os movimentos repetitivos de ressaltos (chutes e balanços corporais); o alongamento estático, que envolve o alongamento de um músculo ao máximo da amplitude articular, a ponto de produzir desconforto, e a permanência nessa situação por alguns segundos; e a facilitação neuromuscular proprioceptiva (FNP), que utiliza contrações musculares e alongamentos alternados.[48]

No processo de desenvolvimento da capacidade de flexibilidade para a manutenção da saúde, o método de treinamento mais utilizado é o estático. De qualquer modo, é interessante tratar da aplicabilidade dos demais métodos – dinâmico e FNP (Figura 7.11).

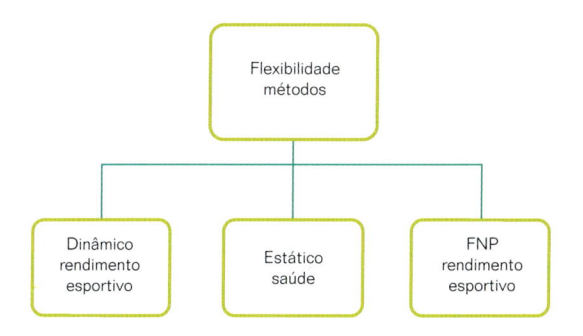

Figura 7.11 – Métodos de treinamento da capacidade de flexibilidade.

Método dinâmico

Os movimentos balísticos consistem de chutes e balanceios, envolvendo principalmente as articulações do quadril e do tronco (coluna), e, apesar de serem efetivos no sentido de aprimorar a amplitude do movimento, podem promover uma série de espasmos ou trações sobre certo tecido muscular resistente. Se a força gerada pelos espasmos for maior que a extensibilidade dos tecidos, há risco de lesão muscular.

Alongamento dinâmico (ou balístico)

O alongamento dinâmico, ou balístico, envolve um movimento de ressalto e contrações repetitivas do músculo agonista, as quais têm o fim de produzir alongamentos rápidos dos músculos antagonistas. Com o movimento espasmódico e elástico desse alongamento, os fusos musculares são alongados repetidamente; assim, haverá uma resistência contínua por parte do músculo a qualquer alongamento adicional. O alongamento balístico não deve ser mantido até o ponto de induzir os órgãos tendinosos de Golgi a exercerem qualquer efeito relaxante.[1,16,40]

O método dinâmico para aumento de flexibilidade é mais utilizado em situações de treinamento esportivo que exijam essa capacidade sobremaneira, como as artes marciais, a patinação artística, a ginástica artística etc.

Método da facilitação neuromuscular proprioceptiva

As técnicas de FNP envolvem combinações de contrações e alongamentos alternados. São capazes de produzir acentuado aumento da amplitude de movimento em uma única sessão de alongamento – é o chamado efeito agudo. Os estudos que compararam o método estático e o da FNP sugerem que o segundo é capaz de produzir um maior desenvolvimento da flexibilidade em um período de treinamento prolongado.[48] A principal desvantagem da FNP é a necessidade de um parceiro para a realização do alongamento, nem sempre possível de ser cumprida. Por outro lado, a presença de um parceiro pode trazer vantagens motivacionais.

O método da FNP foi introduzido como técnica fisioterápica para pacientes que apresentavam algum tipo de paralisia neuromuscular.[23] Sua utilização com finalidade de aumentar a capacidade de flexibilidade é recente. Um número cada vez maior de equipes esportivas tem adotado a técnica, mas ela não é utilizada com frequência no condicionamento físico voltado à saúde, a não ser por alunos experientes e com níveis de treinamento avançado.

Alongamento da facilitação neuromuscular proprioceptiva

Inúmeras técnicas de FNP são utilizadas atualmente com o intuito de aumentar a capacidade de flexibilidade, incluindo a lenta reversão manter–relaxar, contrair–relaxar e manter–relaxar.[33] As técnicas de contrair–relaxar e manter–relaxar são variações do método lenta reversão manter–relaxar. No método contrair–relaxar, os músculos da articulação envolvida são contraídos isotonicamente por 6 a 10 s no sentido contrário à pressão realizada pelo parceiro, e, após o relaxamento, repete-se a contração por mais duas ou três vezes. O método manter–relaxar envolve uma contração isométrica dos músculos da articulação envolvida contra uma resistência imóvel imposta pelo parceiro. As duas técnicas são constituídas por uma fase de tração de aproximadamente 10 s seguida por uma fase de relaxamento também de 10 s, repetindo-se tal dinâmica de duas a quatro vezes.

Método estático e saúde

O método estático de desenvolvimento da flexibilidade é o mais utilizado em programas de atividade física voltados à saúde. Envolve o alongamento passivo de determinado músculo antagonista que, colocado em uma posição de máxima amplitude articular, deve ser mantido em tal posição por certo tempo. Trata-se de uma técnica simples, que pode ser realizada com ou sem o auxílio de um parceiro. Com o passar do tempo, o método estático promove uma amplitude articular irrestrita, de forma prazerosa e segura.

Alongamento estático

O alongamento estático pode ser aplicado a praticamente todos os grandes grupos musculares com o fim de aumentar a amplitude articular. O método implica a manutenção da posição de amplitude máxima de uma articulação por alguns segundos, seguida do relaxamento e, então, da repetição do movimento por duas ou três vezes.

Em relação ao tempo de manutenção da posição máxima estática, as recomendações variam, indo de 10 a 60 s.[33] Dados recentes indicam que um tempo ótimo seria de 20 a 30 s.[10]

O método pode ser classificado como: passivo ou ativo. No método estático passivo, o alongamento é realizado com o auxílio de um parceiro ou a favor da ação da gravidade. Já no estático ativo, o alongamento é realizado no alcance máximo pela autoestimulação.

O alongamento estático para aumento da flexibilidade é incontestavelmente seguro, especialmente para indivíduos sedentários ou destreinados. Por isso, é o método mais utilizado com finalidade de saúde.

Estático ativo

- Manter a posição máxima por 20 a 30 s;
- Repetir cada movimento de duas a três vezes;
- Realizar o movimento sozinho, sem auxílio de um parceiro.

Estático passivo

- Manter a posição máxima por 20 a 30 s;
- Repetir cada movimento de duas a três vezes;
- Realizar o movimento com o auxílio de um parceiro.

Planejamento do treinamento da flexibilidade para a saúde e qualidade de vida

Recursos para a fase do esfriamento

Na fase do esfriamento, o profissional de Educação Física pode lançar mão de alguns recursos, como música relaxante ou algum tipo de material (barra fixa, colchonete, bola suíça etc.).

Diferentemente das outras fases do condicionamento físico, nas quais o professor tem de ser um motivador e as quais sugerem a utilização de música vibrante e em volume alto, na fase do esfriamento, a música tem a finalidade de promover o relaxa-mento do aluno. Portanto, deve ser mais suave ou, então, não se deve utilizar nenhum recurso musical; o tom da voz do professor ao orientar os exercícios também deve ser suave e tranquilo.

Exercícios de alongamento para aumento da flexibilidade

Descreveremos tanto exercícios com o método ativo quanto exercícios com o método passivo. O modelo de descrição é sucinto e objetivo, mas sem deixar de ser técnico. Primeiro, são apresentados o músculo ou os músculos alongados. Depois, são descritas a posição inicial e a forma de execução do exercício, seguidas por uma figura demonstrativa.

Exercícios de esfriamento e flexibilidade com o método ativo

Grande dorsal

Posição inicial

Sentado sobre a bola.

Execução

Realizar a flexão lateral do tronco (Figura 7.12).

Figura 7.12 – Exercício com o método ativo para o músculo grande dorsal.

Lombar e posterior da coxa

Posição inicial

Sentado sobre a bola.

Execução

Realizar a flexão do quadril e do tronco à frente (Figura 7.13).

Figura 7.13 – Exercício com o método ativo para os músculos lombar e posterior da coxa.

Grande dorsal, quadrado lombar e isqueoti-biais (ativo 1)

Posição inicial

Sentado, com um dos joelhos estendido e o outro flexionado.

Execução

Realizar a flexão do quadril e do tronco na direção do joelho estendido (Figura 7.14).

Figura 7.14 – Primeiro exercício com o método ativo para os músculos grande dorsal, quadrado lombar e isqueotibiais.

Grande dorsal, quadrado lombar e isqueoti-biais (ativo 2)

Posição inicial

Sentado, com os joelhos estendidos, um grande afastamento lateral.

Execução

Realizar a extensão máxima do tronco (Figura 7.15).

Figura 7.15 – Segundo exercício com o método ativo para os músculos grande dorsal, quadrado lombar e isqueotibiais.

Grande dorsal, quadrado lombar e isqueoti-biais (ativo 3)

Posição inicial

Sentado, com os joelhos estendidos e pés unidos.

Execução

Realizar a flexão máxima do quadril e do tronco procurando alcançar os pés com as mãos (Figura 7.16).

Figura 7.16 – Terceiro exercício com o método ativo para os músculos grande dorsal, quadrado lombar e isqueotibiais.

Paravertebrais e isqueotibiais

Posição inicial

Sentado, com os joelhos estendidos, um grande afastamento lateral dos pés, os ombros flexionados e as mãos unidas no alto da cabeça.

Execução

Realizar a extensão máxima do tronco (Figura 7.17).

Figura 7.17 – Exercício com o método ativo para os músculos paravertebrais e isqueotibiais.

Adutores, quadrado lombar, glúteo médio e tensor da fáscia lata

Posição inicial

Sentado, com as plantas dos pés unidas e os joelhos flexionados.

Execução

Realizar a flexão do tronco e do quadril à frente, procurando alcançar os pés com as mãos (Figura 7.18).

Figura 7.18 – Exercício com o método ativo para os músculos adutores, quadrado lombar, glúteo médio e tensor da fáscia lata.

Glúteo máximo e quadrado lombar

Posição inicial

Decúbito dorsal.

Execução

Realizar a flexão unilateral do joelho, com as mãos sobre ele, de forma a auxiliar (Figura 7.19).

Figura 7.19 – Exercício com o método ativo para os músculos glúteo máximo e quadrado lombar.

Quadrado lombar, glúteo médio e tensor da fáscia lata

Posição inicial

Decúbito dorsal, com os joelhos flexionados e os pés no solo.

Execução

Realizar a rotação dos quadris para um dos lados (Figura 7.20).

Figura 7.20 – Exercício com o método ativo para os músculos quadrado lombar, glúteo médio e tensor da fáscia lata.

Paravertebrais e quadrado lombar

Posição inicial

Ajoelhado, com as mãos sobre a bola suíça.

Execução

Realizar uma flexão lateral do tronco (Figura 7.21).

Figura 7.21 – Exercício com o método ativo para os músculos paravertebrais e quadrado lombar.

Exercícios de esfriamento e flexibilidade com o método passivo

Grande dorsal, quadrado lombar e isqueotibiais (passivo 1)

Posição inicial

Sentado, com os joelhos estendidos.

Execução

Realizar a flexão do quadril e do tronco, tentando alcançar os pés com as mãos. O professor auxilia pressionando a região lombar com as mãos (Figura 7.22).

Figura 7.22 – Primeiro exercício com o método passivo para os músculos grande dorsal, quadrado lombar e isqueotibiais.

Grande dorsal, quadrado lombar e isqueoti-biais (passivo 2)

Posição inicial

Sentado, com os joelhos estendidos e grande afastamento lateral dos pés.

Execução

Realizar a flexão do quadril e do tronco. O professor auxilia pressionando a região lombar com as mãos (Figura 7.23).

Figura 7.23 – Segundo exercício com o método passivo para os músculos grande dorsal, quadrado lombar e isqueotibiais.

Quadrado lombar e isqueotibiais

Posição inicial

Decúbito dorsal, com um dos joelhos fle-xionados e o respectivo pé no solo.

Execução

Realizar a flexão unilateral do quadril, man-tendo o joelho estendido. O professor auxilia pressionando, com as mãos, o joelho estendido e o tornozelo (Figura 7.24).

Figura 7.24 – Exercício com o método passivo para os músculos quadrado lombar e isquiotibiais.

Paravertebrais, quadrado lombar e isqueotibiais

Posição inicial

Sentado sobre a bola, com um joelho flexionado e o outro estendido.

Execução

Realizar a flexão lateral do tronco na direção do joelho estendido. O professor auxilia apoiando, com uma das mãos, a região torácica e, com a outra, segurando a mão do aluno (Figura 7.25).

Figura 7.25 – Exercício com o método passivo para os músculos paravertebrais, quadrado lombar e isqueotibiais.

Peitoral maior

Posição inicial

Sentado sobre a bola.

Execução

Realizar abdução do ombro no plano horizontal. O professor auxilia pressionando as mãos do aluno para que os braços fiquem para trás do corpo (Figura 7.26).

Figura 7.26 – Exercício com o método passivo para o músculo peitoral maior.

Resumo

- O esfriamento é a fase da sessão de treinamento voltado à saúde que promove um estado de relaxamento e bem-estar, além de desenvolver a capacidade de flexibilidade. Assim como ocorre em relação às demais capacidades, há diferentes técnicas de avaliação da flexibilidade. Dois testes de fácil aplicabilidade e baixo custo são o de sentar e levantar e o flexiteste.

- A flexibilidade está relacionada ao aumento da amplitude articular e da elasticidade muscular. O desenvolvimento da flexibilidade previne contra distúrbios musculoesqueléticos, tais como lesões musculares, artrites, artroses, dores lombares e lesões por esforço repetitivo. Além desse, os principais benefícios decorrentes do esfriamento e do aumento da flexibilidade são: o relaxamento muscular, a melhora da postura, uma maior amplitude de movimento articular, o desenvolvimento de um estado geral de relaxamento e bem-estar.

- A neurofisiologia da flexibilidade envolve o reflexo de alongamento. Cada músculo do corpo contém microrreceptores, sendo que os mais importantes são os fusos musculares e os órgãos tendinosos de Golgi. Quando um músculo é alongado, os fusos musculares também o são, enviando impulsos sensoriais à medula espinhal, que informa o sistema nervoso central, o qual, por sua vez, ordena que os músculos se contraiam reflexivamente, resistindo, assim, ao alongamento. Quando os músculos são estimulados constantemente por meio de exercícios e métodos de treinamento da flexibilidade, essa resistência diminui, tornando gradativamente maior a capacidade de amplitude articular e elasticidade muscular.

- Existem três métodos principais para o desenvolvimento da capacidade de flexibilidade: o dinâmico com movimentos balísticos, o de FNP e o estático. O método dinâmico com movimentos balísticos e o método de FNP são os mais utilizados para o treinamento esportivo ou alunos avançados. O método estático é o mais recomendado com a finalidade de saúde.

- Os exercícios de alongamento estático podem ser realizados com ou sem auxílio de um parceiro. De preferência, devem contar com música relaxante e alguns recursos materiais, como cordas, bastões, barras e colchonetes.

Referências

1. ACHOUR JUNIOR, A. **Exercícios de alongamento**: anatomia e fisiologia. 2. ed. São Paulo: Manole, 2006.

2. ALBERT, W. J. et al. Back Fitness and Back Health Assessment Considerations for the Canadian Physical Activity, Fitness and Lifestyle Appraisal. **Canad J App Physio**, Canadá, v. 21, p. 291-317, 2001.

3. ALLERHEILIGEN, W. Stretching and Warm-up. In: BAECHLE, T. **Essentials of Strength and Conditioning**. Champaign: Human Kinetics, 1994.

4. ALTER, M. **The Science of Stretching**. Champaign: Human Kinetics, 1996.

5. ARAÚJO, C. G. S. **Flexiteste**: um método completo para se avaliar a flexibilidade. São Paulo: Manole, 2005.

6. ARAÚJO FILHO, N. P. **Musculação e cinesiologia aplicada**. v. 2. São Paulo: Coleção Musculação Total, 1993.

7. AMERICAN COLLEGE OF SPORTS MEDICINE. **Diretrizes do ACSM para os testes de esforço e sua prescrição**. 6. ed. Rio de Janeiro: Guanabara Koogan, 2003.

8. ARNHEIM, D. D.; PRENTICE, W. E. **Princípios de treinamento atlético**. 10. ed. Rio de Janeiro: Guanabara Koogan, 2002.

9. BAKER, D.; WILSON, G.; CARLYON, B. Generality vs. Specificity: a Comparison of Dynamic and Isometric Measures of Strength and Speed-Strength. **Eur J Appl Physiol**, v. 68, p. 350-5, 1994.

10. BANDY, W.; IRION, J. The Effect of Time on Static Stretch in the Flexibility of the Hamstring Muscles. **J Orthop Sports Phys Ther**, v. 74, p. 845-52, 1994.

11. BARBANTI, V. J. **Teoria e prática do treinamento físico**. São Paulo: Edgard Blucher, 1997.

12. BOOTH, F.; THOMASON, D. Molecular and Cellular Adaptation of Muscle in Response to Exercise: Perspectives of Various Models. **Physiol Rev.**, v. 71, p. 541-85, 1991.

13. BROOKS, G.; FAHEY, T.; WHILE T. **Exercise Physiology**: Human Bioenergetics and its Applications. Mountain View: Mayfield, 1996.

14. CONONIE, C. C. et al. Effect of Exercise Training on Blood Pressure in 70-to 79 Year-old Men and Women. **Med Sci Sports Exerc.**, v. 23, p. 505-11, 1991.

15. COSTA, M. G. **Ginástica localizada**. 4. ed. Rio de Janeiro: Sprint, 2001.

16. DANTAS, E. H. M. **Alongamento e flexionamento**. 5. ed. Rio de Janeiro: Shape, 2005.

17. FAGARD, R. H. Physical Activity in the Prevention and Treatment of Hypertension in the Obese. **Med Sci Sports Exerc**, supl. 31, p. 624-30, 1999.

18. FAULKNER, J.; GREEN, H.; WHITE, T. Response and Adaptation of Skeletal Muscle to Changes in Physical Activity. In: BOUCHARD, C.; SHEPARD, R.;. STEPHENS, J. **Physical Activity, Fitness, and Health**. Champaign: Human Kinetics, 1994.

19. FOSS, M. L; KETEYIAN, S. J. **Bases fisiológicas do exercício e do esporte**. Rio de Janeiro: Guanabara Koogan, 2000.

20. GENTIL, D. A. S. **Efeito da acupuntura e da moxabustão no desempenho físico de indivíduos sedentários submetidos a teste ergoespirométrico**. Tese (Doutorado) – Universidade Federal de São Paulo, Unifesp, 2000.

21. GALLAHUE, D. L.; Ozmun, J. C. **Compreendendo o desenvolvimento motor**: bebês, crianças, adolescentes e adultos. São Paulo: Phorte, 2001.

22. GREEN, J.; Patla, A. Maximal Aerobic Power: Neuromuscular and Metabolic Considerations. **Med Sci Sports Exerc.**, v. 24, p. 38-46, 1992.

23. GREEN, W. **The Clinical Measurement of Joint Motion**. Rosemont: American Academy of Orthopedic Surgeons, 1994.

24. GUEDES, D. P. **Composição corporal**: princípios, técnicas e aplicações. Londrina: Apef, 1994.

25. GUISELINI, M. **Aptidão física, saúde e bem-estar**. São Paulo: Phorte, 2004.

26. GUISELINI, M. **Exercícios aeróbicos**: teoria e prática no treinamento personalizado e em grupos. São Paulo: Phorte, 2008.

27. HAGBERG, J. M. Exercise, Fitness, and Hypertension. In: BOUCHARD, C. et al. **Exercise, Fitness, and Health**: a Consensus of Current Knowledge. Champaign: Human Kinetics, 1990.

28. HATHER, B.; TESCH, P.; BUCHANAN, P. Influence of Concentric Actions on Skeletal Muscle Adaptations to Resistance Training. **Acta Physiol Scand.**, v. 19, p. 99-105, 1991.

29. HEYWARD, V. H; STOLARCZYK, L. M. **Avaliação da composição corporal.** São Paulo: Manole, 2000.

30. HEYWARD, V. H. **Avaliação física e prescrição de exercício.** 4. ed. Porto Alegre: Artmed, 2004.

31. HILL, J. Q.; MELANSON, E. L. Overview of the Determinants of Overweight and Obesity: Current Evidence and Research Issues. **Med Sci Sports Exer.**, supl. 31, p. 515-21, 1999.

32. KISS, M. A. P. D. M; BÖHME, M. T. S. Avaliação de treinamento esportivo. In: KISS, M. A. P. D. M. **Esporte e exercício:** avaliação e prescrição. São Paulo: Roca, 2003.

33. KNOTT, M.; VOSS, P. **Proprioceptive Neuromuscular Facilitation.** 3. ed. Nova York: Harper & Row, 1985.

34. KRAMER, W. General Adaptation to Resistance and endurance Training Programs. In: BAECHLE, T. **Essentials of Strength Training and Conditioning.** Champaign: Human Kinetics, 1994.

35. LATIN, R.; ELIAS, B. Predictions of Maximum Oxygen Uptake from Treadmill Walking and Running. **J Sports Med Phys Fitness**, v. 33, p. 34-9, 1993.

36. LOHMAN, T. G.; HOUTKOOPER, L.; GOING, S. B. Body Fat Measument Goes High-Tech. **7's Health Fitness J**, v. 1, p. 30-5, 1997.

37. MARINS, J. C. B; GIANNICHI, R. S. **Avaliação e prescrição da atividade física.** 3. ed. Rio de Janeiro: Shape, 2003.

38. MATSUDO, S. M. M. **Avaliação do idoso:** física e funcional. São Paulo: Phorte, 2004.

39. MCARDLE, W. D.; KATCH, F. I.; KATCH, V. L. **Fisiologia do exercício:** energia, nutrição e desempenho humano. 5. ed. Rio de Janeiro: Guanabara Koogan, 2003.

40. MCATEE, R. E. **Alongamento facilitado.** São Paulo: Manole, 1998.

41. MCCOMAS, A. Human Neuromuscular Adaptations that Accompany Changes in Activity. **Med Sci Sports Exerc.**, v. 26, n. 12, p. 1498-509, 1994.

42. VIEIRA, V. R. Obesidade mata um paulistano a cada sessenta horas. **Destak**, São Paulo, p. 2, 14 jul. 2008.

43. NAHAS, M. V. **Atividade física, saúde e qualidade de vida.** Londrina: Midiograf, 2001.

44. NORKIN, C.; White, D. **Measurement of Joint Motion:** a Guide to Goniometry. Filadélfia: F. A. Davis, 1995.

45. PAYNE, N. et al. Canadian Musculoskeletal Fitness Norms. **Canad J Appl Physiol**, v. 25, p. 430-42, 2000.

46. POWERS, S. K.; HOWLEY, E. T. **Fisiologia do exercício**: teoria e aplicação ao condicionamento e ao desempenho. 5. ed. São Paulo: Manole, 2006.

47. PRENTICE, W. **Fitness and Wellness for Life**. 6. ed. Iowa: WCB/McGraw-Hill, 1999.

48. PRENTICE, W. Proprioceptive Neuromuscular Facilitation Techniques. In: PRENTICE, W. **Rehabilitation Techniques in Sports Medicine**. Dubuque: WCB/McGraw-Hill, 1999.

49. REHFELDT, H. Force, Endurance Time, and Cardiovascular Responses in Voluntary Isometric Contractions of Different Muscle Groups. **Biomed Biochim Acta.**, v. 48, n. 5-6, S509-14, 1989.

50. RIKLI, R. E; JONES, C. J. Development Validation of a Functional Fitness Test for Community – Residing Older Adults. **J Aging Phys Activ.**, v. 7, p. 129-61, 1999.

51. ROBERGS, R. A.; ROBERT, S. O. **Princípios fundamentais de fisiologia do exercício**. São Paulo: Phorte, 2002.

52. SAFRIT, M. J. **Evaluation in Physical Education**. 2. ed. Nova Jersey: Prentice-Hall, 1981.

53. SANDERS, M. Weight Training and Conditioning. In: SANDERS, B. **Sports Physical Therapy**. Norwalk: Appleton & Lange, 1997.

54. SHARKEY, B. J. **Condicionamento físico e saúde**. 5. ed. Porto Alegre: Artmed, 2006.

55. SHELLOCK, F.; PRENTICE, W. E. Warm-up and Stretching for Improved Physical Performance and Prevention of Sport Related Injury. **Sports Med.**, v. 2, p. 267-78, 1985.

56. STAMFORD, B. A Stretching Primer. **Physician Sports Med.**, v. 22, n. 9, p. 85-6, 1994.

57. STARON, R.; KARAPONDO, D.; KRAMER W. Skeletal Muscle Adaptations during the Early Phase of Heavy Resistance Training in Men and Women. **J App Physiol.**, v. 76, p. 1247-55, 1994.

58. UNIVERSIDADE DE BRASÍLIA. O que afasta o brasileiro do trabalho. **Revista Veja**, jul. 2007.

59. VAN MECHELEN, P. Prevention of Running Injuries by Warm-Up Cooldown, and Stretching. **Am J Sports Med.**, v. 21, n. 5, p. 711-9, 1993.

60. WEINECK, J. **Biologia do esporte**. 7. ed. São Paulo: Manole, 2005.

61. WEINECK, J. **Treinamento ideal**. 9. ed. São Paulo: Manole, 2006.

62. WESSEL, J. e WAN, A. Effect of Stretching on Intensity of Delayed-Onset Muscle Soreness. **J Sports Med.**, v. 112, p. 83-7, 1994.

63. WORLD HEALTH ORGANIZATION. **Obesity**: Preventing and Managing the Global Epidemic. Report of a WHO Consultation on Obesity. Geneva: World Health Organization, 1998.

64. WILMORE, J. H.; COSTILL, D. L. **Fisiologia do esporte e do exercício**. 2. ed. São Paulo: Manole, 2001.

65. WORRELL, T.; SMITH, T.; WINEGARDNER, J. Effect of Hamstring Stretching on Hamstring Muscle Performance. **J Orthop Sports Phys Ther**, v. 20, n. 3, p. 154-9, 1994.

Sobre a autora

Simone Sagres Arena

Profissional de Educação Física desde 1992. Profa. Dra. na área de Ortopedia e Traumatologia pelo Instituto de Ortopedia e Traumatologia da Faculdade de Medicina da Universidade de São Paulo (IOT – FMUSP). Mestre em Biodinâmica do Movimento Humano pela Escola de Educação Física e Esportes da Universidade de São Paulo (EEFE – USP 2000).

Experiência técnica de 18 anos, com atuação nas áreas de atividades de academia, treinamento esportivo, avaliação e preparação física.

Carreira acadêmica de dez anos, atuando em cinco universidades de São Paulo nos cursos de graduação e pós-graduação, nas áreas de Educação Física e Saúde, especialmente nas disciplinas de Treinamento Esportivo, Avaliação Física, Metodologia da Pesquisa, Basquetebol, Condicionamento Físico e Medicina Esportiva. Consultora em qualidade de vida em empresas. Proprietária da empresa Arena Saúde e do portal Clube Qualivida.

SOBRE O LIVRO

Formato: 23 x 21 cm
Mancha: 15 x 16 cm
Tipologia: Garamond
Papel: Couché 115 g
n° páginas: 240
1ª edição: 2009

EQUIPE DE REALIZAÇÃO

Edição de Texto
Talita Gnidarchichi (Assistente editorial)
Augusto Iriarte (Preparação do original e copidesque)
Gerson Silva (Revisão)
Fernanda Fonseca (Check list)

Editoração Eletrônica
Renata Tavares (Capa, projeto gráfico e diagramação)
Ricardo Howards (Ilustrações)
Fernando Paes (Fotografia)

Impressão
Prol Editora Gráfica